André LE GLAY

LES
ORIGINES HISTORIQUES

DE

L'ALLIANCE FRANCO-RUSSE

PREMIÈRE SÉRIE.
Depuis les origines jusqu'au traité d'Amsterdam (1717).

PARIS
HONORÉ CHAMPION, LIBRAIRE
9, Quai Voltaire.

1897.

A

Monsieur

LE SÉNATEUR ALFRED RAMBAUD

MINISTRE
DE L'INSTRUCTION PUBLIQUE
ET DES BEAUX-ARTS,

PROFESSEUR
A LA FACULTÉ DES LETTRES DE PARIS,

MEMBRE CORRESPONDANT
DE L'ACADÉMIE DES SCIENCES DE SAINT-PÉTERSBOURG.

HOMMAGE RESPECTUEUX

André LE GLAY.

André LE GLAY

LES ORIGINES HISTORIQUES

DE

L'ALLIANCE FRANCO-RUSSE

PREMIÈRE SÉRIE.
Depuis les origines jusqu'au traité d'Amsterdam (1717).

PARIS,
HONORÉ CHAMPION, LIBRAIRE
9, Quai Voltaire.

1897.

AVANT-PROPOS.

Par leur voyage en France, LL. MM. le Tsar Nicolas II Alexandrovitch et la Tsarine Alexandra Feodorovna ont définitivement scellé l'amitié qui unit le peuple français au peuple russe.

Cherbourg, Paris et Châlons sont des étapes désormais historiques.

Lorsque dans Moscou, le 26 mai 1896, il ceignit la couronne des tsars, Nicolas II fut salué par les acclamations de ses fidèles sujets, pour lesquels il n'est pas seulement l'*Empereur*, mais encore, et surtout le *Père*.

C'est que le Tsar incarne l'âme de la Russie... de « toutes les Russies », comme le porte, dans le style officiel, son titre souverain.

En effet, sous une diversité apparente de

races, d'idiomes, de mœurs, quelle merveilleuse et puissante unité réalise le vaste empire de Nicolas II !

Moscou, qui joint les splendeurs de Byzance aux raffinements modernes de la civilisation occidentale, a vu accourir, sous les murs du Kremlin, les délégations de toutes les provinces — on peut dire de tous les peuples — qui, de la Baltique à la mer du Japon, de l'antique Oxus au cercle polaire, forment la *Sainte Russie*.

Les guerriers du Turkestan, aux archaïques costumes, évoquant le souvenir de la *Horde d'or*, les marchands de Samarcande dont le nom fait penser aux splendeurs des *Mille et une nuits*, les Asiatiques amenés par de lentes caravanes des profondeurs mystérieuses de l'Orient, se mêlaient aux Cosaques de l'Ukraine, aux Samoyèdes des mers arctiques, acclamant leur Empereur, *le Sultan blanc*, comme l'appellent, en leur respect, ses sujets musulmans, le Tsar, leur Père, comme ils disent tous, dans leur vénération familiale.

A Paris, Nicolas II a vu le peuple français se presser sur son passage ; de longues et respectueuses ovations ont retenti ; toutes les classes de la société se sont unies dans le même élan. La ville s'est parée comme aux jours des grandes fêtes, comme aux heures des grandes joies.

Les chefs arabes et tunisiens, au visage bronzé, superbes sous leurs burnous brodés de soie et d'or, formaient l'escorte des souverains russes auprès desquels ils représentaient l'Afrique française, fille glorieuse de la mère-patrie.

A Moscou, Nicolas II n'avait reçu que les félicitations officielles des représentants du gouvernement. En France, le Tsar a senti vibrer l'âme de la nation tout entière. Il a vu les manifestations de ce sentiment d'affectueuse sympathie qui pousse la France et la Russie l'une vers l'autre.

En Europe on ne s'y est pas trompé.

Un courant d'amitié dont l'intensité augmente chaque jour, et qui est plus fort que les combinaisons diplomatiques, s'est établi entre la nation française et le peuple russe.

Les régiments de France et ceux de Russie échangent de cordiales dépêches, pour commémorer leurs fêtes respectives, ou les glorieux faits d'armes de leur histoire. Les écoles militaires, les lycées, font participer à ce mouvement la jeunesse des deux pays, par l'envoi d'adresses réciproques de félicitations et de souhaits. Dans les grands corps civils de l'État, au Barreau, chez les Ingénieurs, et jusqu'au milieu des sociétés savantes, la même tendance s'est montrée à entrer en rapports intimes et affectueux avec des confrères russes.

Les mots : « inaltérable amitié » et « confraternité d'armes » prononcés par Nicolas II à Paris et à Châlons, ne sont donc pas de vaines formules de politesse dictées par le Protocole. Ils demeurent comme l'expression des sentiments qui animent les deux peuples.

Il nous a paru intéressant de faire connaître, par quelques études familières, tout ce qui se rattachait, dans l'Histoire, aux rapports entre la France et la Russie.

On verra donc résumé, ici, comme en une *Génése de l'Alliance franco-russe* l'ensemble des notions d'histoire diplomatique puisées aux sources les plus sûres et les plus autorisées.

I.

Le vieux clocher de l'abbaye de Saint-Vincent, à Senlis. — Un vœu d'Anne de Russie, reine de France. — Pourquoi elle appela son fils aîné Philippe. — Comment s'était fait le mariage du Roy Henri Ier. — Anne devenue veuve se retire à Senlis. — Elle accomplit son vœu, puis se remarie. — Scandale causé par ce mariage. — Anne de Russie devient veuve pour la seconde fois. — Elle finit dans la retraite et l'oubli.

On voit encore à Senlis un vieux clocher dont les ogives timides, les pierres taillées en diamant dénotent l'architecture d'une époque de transition. Certains détails rappellent le style roman ; d'autres laissent prévoir le gothique. Mais, loin de choquer, ces détails d'ordres un peu disparates constituent un ensemble qui n'est pas sans charme.

La construction de ce clocher remonte au XIe siècle. Il faisait partie, jadis, de la célèbre abbaye de St-Vincent ; aujourd'hui il se trouve enclavé dans les bâtiments d'un collège, à côté de la chapelle. L'antique monastère a disparu ; deux restaurations, l'une au XIIe siècle, l'autre au XVIIIe, n'ont rien laissé du vieux cloître. Seule, la tour est demeurée intacte.

Le temps a respecté ce clocher qui, depuis des siècles, s'élève dans la jolie petite ville du pays de Valois, un des séjours préférés de nos rois capétiens. Ce monument est, pour nous, comme le témoignage durable des premiers rapports entre la France et la Russie. On sait, en effet, que l'abbaye de St-Vincent fut fondée à Senlis, par Anne, fille de Iaroslav Ier, Grand-Prince des Russes, et seconde femme de Henri Ier, Roi de France.

Le petit-fils d'Hugues Capet n'avait pas eu d'enfant mâle de son premier mariage avec

Mathilde, fille de l'Empereur Conrad. Anne ne voyait luire encore aucun espoir de maternité. Alors, elle fit le vœu de fonder et de doter une abbaye, si elle donnait un héritier à la couronne de France. Son vœu fut exaucé; un fils lui naquit; il reçut le nom de Philippe et succéda à son père sur le trône des Capétiens. D'après la tradition, ce fut Anne elle-même qui voulut donner, à son fils aîné, ce nom de Philippe qu'il fut le premier à porter, parmi les rois de France. Elle l'appela ainsi, en souvenir de Philippe de Macédoine, dont les Grands-Princes de Kiev prétendaient descendre. D'autres enfants naquirent de l'union du Roi Henri avec la fille de Iaroslav : Robert, qui mourut jeune, Hugues d'où est sortie la seconde branche des Comtes de Vermandois et Emma, dont on ignore la destinée.

Par suite de quelles circonstances, le Roi Henri de France était-il allé chercher, pour perpétuer sa race, une épouse dans les régions éloignées et alors inconnues que baignait le Borysthène, (1) au milieu d'une cour avec laquelle la France n'avait jamais eu aucun rapport.

Au XIe siècle, l'Eglise défendait les mariages entre parents ou alliés jusqu'au septième degré. Cette interdiction mettait dans un extrême embarras les princes régnants qui, presque tous, avaient entre eux des liens de famille.

Par sa première union avec la fille de l'Empereur, le Roi Henri ne pouvait prendre femme dans aucune cour de l'Occident, sans s'exposer aux foudres de l'Église. Il fut ainsi amené à demander en mariage la fille de Iaroslav. Aucun lien de parenté, même éloigné, n'existait entre le Roi de France et le Grand-Prince.

Le Roi Henri envoya donc une ambassade à Kiev. Il confia cette mission à Gautier Saveyr,

---

(1) Aujourd'hui le Dnieper.

évêque de Meaux et à Goscelin de Chalignac. C'était en l'an 1048. Les ambassadeurs revinrent en France avec Anne, au printemps de l'année suivante, « comblés de caresses et de présens ».

Cette *Princesse lointaine* apportait, à son futur époux, sa dot en beaux sous d'or de Bysance.

Aucune difficulté d'ordre canonique ne pouvait empêcher ou retarder cette union : les Églises d'Orient et d'Occident n'étaient pas encore séparées par le schisme.

Le mariage du Roi de France avec Anne de Russie fut donc célébré à Reims le 14 mai 1049, jour de la Pentecôte.

La nouvelle reine avait vingt-cinq ans ; sa remarquable beauté, sa grâce et sa bonté lui attiraient tous les cœurs. Pendant onze ans d'une union heureuse, la cour subit le charme de la princesse, et la race des Capétiens reverdit par ce sang nouveau que lui avait donné la descendante de cette vigoureuse lignée des Rurik.

Anne aimait le séjour de Senlis. La chasse était un de ses plaisirs favoris, et les forêts d'alentour lui permettaient de se livrer à ce divertissement. Ses goûts étaient modestes ; loin de chercher à briller et à jouer un rôle dans les affaires de l'État, elle se confinait dans ses devoirs d'épouse et de mère. Le Roi Henri mourut le 4 août 1060 à Vitry-aux-Loges, près d'Orléans. N'ayant aucune ambition, Anne ne voulut point assumer la charge de la régence du Royaume qui fut confiée au Comte de Flandre, Bauduin V.

Anne se retira alors à Senlis, et s'occupa de réaliser le vœu qu'elle avait fait jadis. « Icèle Dame, » disent les vieilles chroniques, « pensait
» plus aux choses à venir que aux choses pré-
» sentes ; dont il avint quele fit estorer à Senlis
» une yglise en l'enor Saint-Vincent. »

Du vivant du Roi, Anne, n'étant pas entièrement libre de ses actions, n'avait pu réaliser son vœu. Mais elle y pensait toujours, et aussitôt après la mort de son époux, elle remplit la promesse qu'elle avait faite au ciel.

Il existait alors, en dehors de l'enceinte de Senlis, près d'une petite rivière appelée de nos jours la Nonette, une vieille chapelle placée sous le vocable de Saint-Vincent, diacre et martyr de Saragosse. Cette chapelle tombait en ruines ; depuis longtemps déjà ce n'était plus qu'une masure à l'aspect triste et *désolé*, disent les chartes de l'époque. Ce fut en cet endroit que la reine Anne résolut d'élever son monastère.

Dès l'année 1060, les fondations de l'abbaye furent jetées, et la consécration eut lieu le 29 octobre 1065.

La nouvelle église, construite en forme de croix, était belle et de proportions plus grandioses que l'humble chapelle qu'elle avait remplacée. Un vaste cloître était attenant à l'église du côté du midi, tandis que le clocher s'élevait du côté du nord. La reine Anne appela dans l'abbaye des chanoines réguliers de Saint-Augustin. Des franchises considérables leur furent accordées. Philippe, pour mettre la fondation de sa mère à l'abri de toutes les vicissitudes temporelles, alloua différents bénéfices au monastère de St-Vincent. Les chanoines obtinrent, de la sorte, droit de haut ban sur la ville de Senlis ; ils eurent, en outre, un moulin à Gouvieux et des terres.

Mais les choses du ciel n'étaient pas, seules, l'objet des pensées de la reine Anne, car tandis qu'elle fondait et qu'elle dotait ce monastère, une aventure romanesque venait traverser sa vie jusqu'alors si calme.

La reine-mère n'avait pas encore quarante ans, et sa beauté continuait à jeter un éclat assez vif pour lui attirer tous les hommages des nobles seigneurs du pays de Valois qui fréquentaient cette petite cour de Senlis où trônait la veuve du Roi Henri. Parmi les plus empressés, se trouvait

Raoul III, dit le Grand, Comte de Crespy et de Valois, proche parent du roi défunt, et l'un des seigneurs les plus riches et les plus puissants du royaume. Il prétendait descendre de Charlemagne par Hildegarde, dame de Crespy.

Le Comte Raoul conçut un profond amour pour la reine Anne. Il s'était déjà marié deux fois ; sa seconde femme, Alienor, vivait encore, mais il voulait la répudier, car il la soupçonnait d'adultère.

La fille du Grand-Prince des Russes ne fut pas insensible à la passion du petit-fils de Charlemagne. La reine Anne aimait à se promener dans la forêt qui avoisine Senlis. Le comte Raoul y rencontrait la dame de ses pensées, et tous deux ils devisaient d'amour.

Le seigneur de Crespy répudia sa femme Alienor, et un jour il enleva la reine, au milieu d'une de ces promenades sentimentales qu'ils avaient coutume de faire ensemble. Un prêtre de Crespy-en-Valois les maria.

M. de Caix de St-Aymour (1), en s'appuyant sur des documents d'une indiscutable authenticité, porte la date de cet événement à l'année 1063.

Le mariage clandestin de Raoul et de la reine constituait la plus complète violation des lois ecclésiastiques. Mais le seigneur de Crespy ne s'inquiétait guère des foudres de l'Église.

L'épouse répudiée était allée jusqu'à Rome porter ses plaintes auprès du pape Alexandre II. Celui-ci excommunia le Comte, et annula son mariage avec la Reine.

Les deux époux n'en continuèrent pas moins à vivre ensemble. Peu à peu, le sentiment de réprobation que cette union avait soulevé se

---

(1) *Anne de Russie, reine de France et comtesse de Valois au XIe siècle.* — Chez H. Champion. — Paris 1896.

calma. Le jeune roi Philippe Ier continua à témoigner à sa mère la tendresse qu'il avait toujours eue pour elle, et la cour s'habitua insensiblement à voir la reine de France désormais devenue la Comtesse de Crespy et de Valois.

Raoul mourut à Montdidier le 8 septembre 1074. Anne revint alors à Senlis, et reparut à la cour, tout en se consacrant aux œuvres pies.

Les détails manquent sur les dernières années de la fille de Iaroslav. On a prétendu qu'elle était retournée dans son pays, et qu'elle y avait fini ses jours. L'historien que j'ai déjà cité a prouvé le contraire. Anne est restée en France, et elle y est morte.

Selon toute vraisemblance, elle quitta le monde et vécut ses derniers jours dans un des nombreux monastères qu'elle avait fondés, cherchant dans le silence et la prière, l'oubli de ses peines, et le pardon du scandale que son second mariage avait causé. Pour une âme simple comme l'était Anne, il y avait là matière à de longues pénitences.

La date de sa mort est restée inconnue. On trouve encore son nom dans une charte datée de l'année 1075 ; mais, après il n'y a plus rien qui puisse fournir une indication quelconque sur les dernières années de la fille de Iaroslav. On peut cependant affirmer que la reine Anne, ne fut jamais inhumée à Senlis.

Son souvenir s'y est perpétué jusqu'à la Révolution, époque où l'abbaye fut fermée. Tous les ans, le 29 octobre, les Genovefains qui, dès le XVIIe siècle, avaient remplacé à St-Vincent les chanoines de St-Augustin, célébraient un *obit* solennel pour le repos de l'âme de la fondatrice.

II.

Les premières relations commerciales entre la France et la Russie. — Un armateur dieppois en 1586. — Le voyage de Jehan Sauvage. — L'ancienne diplomatie moscovite. — Son formalisme. — Les ambassades de Pierre Ragon et de François de Carle. — Lettre de Féodor Ivanovitch à Henri III. — Le Tsar et les marchands parisiens. — Le traité de 1587.

Il faut maintenant redescendre quatre siècles pour trouver la trace de quelques relations entre la France et la Russie, ou plutôt la Moscovie, pour nous servir de la dénomination qui était alors en usage. Ce fut en 1586, sous Henri III, que des rapports entre les deux pays commencèrent à s'établir. Sans caractère officiel, ayant trait seulement à des intérêts privés, ces premières relations consistaient surtout en entreprises commerciales.

La civilisation grecque et italienne avait pénétré en Moscovie un siècle auparavant, à la suite du mariage d'Ivan-le-Grand, *le Rassembleur de la Terre Russe*, avec Sophie Paléologue (1472), nièce du dernier Empereur de Byzance, mais le commerce de l'Occident n'y avait pas encore établi de transactions. Ce furent les anglais, qui, les premiers, en 1553, sous le règne d'Ivan-le-Terrible, pénétrèrent jusqu'aux rives glacées de la Mer Blanche. Le navire *l'Edouard Bonne-Aventure*, commandé par le capitaine Chancellor, aborda à l'embouchure de la Dvina.

Chancellor se rendit jusqu'à Moscou, et des relations s'établirent entre le Tsar et Élisabeth d'Angleterre. Le commerce anglais avec la Moscovie prit une importante extension. Les bénéfices considérables que réalisa la *Compagnie de Moscovie* établie à Londres stimulèrent bientôt les négociants français. En 1575, Charles Danzay, ambassadeur d'Henri III, près de Frédéric II, Roi de Danemark, signalait les avantages qu'il y aurait, pour les commerçants français, à aller trafiquer en Moscovie.

Jusqu'alors, comme le fait remarquer M. Rambaud, (1) seuls quelques marchands et aventuriers militaires avaient pénétré dans ces contrées éloignées, mais sans laisser de trace de leurs voyages. Les Rois de France n'avaient aucun agent diplomatique auprès des souverains moscovites, et ce n'est que beaucoup plus tard que des rapports officiels et suivis devaient s'établir entre les deux pays.

Le premier Français qui ait visité avec fruit les vastes régions inexplorées du Nord de la Mos-

(1) *Recueil des Instructions données aux Ambassadeurs et Ministres de France.* — Russie, 2 vol. 1890.

covie, est un navigateur et marchand de Dieppe, Jehan Sauvage. Il a laissé, du voyage qu'il fit en 1586, un récit curieux. (1).

Les armateurs de Dieppe au seizième siècle étaient des marins audacieux, pour lesquels aucune entreprise ne paraissait trop téméraire. Navigateurs, traficants, au besoin corsaires, ils appartenaient bien à la race des hardis *Vikings* scandinaves, les *Rois de la Mer*, qui avaient créé la Normandie française, conquis les Deux Siciles, et même découvert, aux approches de l'an 1000, *le Vinland*, sur les côtes septentrionales de l'Amérique.

Le plus fameux de ces armateurs du seizième siècle, fut Jean Ango, dont on voit encore le manoir, aux environs de Dieppe, dans la commune de Varangeville. Colossalement riche par

---

(1) M. Louis Paris a publié ce récit dans la traduction qu'il a donnée de la Chronique de Nestor, d'après un manuscrit de la Bibliothèque Nationale.

son commerce d'outre-mer, il traitait d'égal à égal avec les Rois.

On connaît ce trait de lui. Ango avait envoyé une flotte et un corps de troupes assiéger Lisbonne. Le Roi de Portugal dépêcha une ambassade à François Ier, pour se plaindre de cet acte d'hostilité commis en pleine paix.

François Ier répondit que ce n'était pas lui qui faisait assiéger Lisbonne, et que son frère et cousin de Portugal devait s'entendre au sujet de cette affaire, avec *son bon ami* Ango.

Jehan Sauvage, le contemporain d'Ango, était certainement moins puissant, ses richesses étaient moins considérables, mais, pas plus qu'à l'ami du roi François, l'audace et l'esprit d'entreprise ne lui faisaient défaut.

Au printemps de 1586, il équipa un navire et, avec deux compagnons résolus comme lui « les sieurs Colas et du Nenel », il partit pour la Mer Blanche.

Jehan Sauvage avait entrepris cette longue et pénible circumnavigation, dans le but de nouer des relations commerciales avec les contrées encore neuves et peu explorées de la Moscovie.

Il fallait, à cette époque, une certaine témérité pour s'engager sur ces mers polaires, voilées de brumes et couvertes de glaçons flottants ; mais les armateurs de Dieppe ne connaissaient pas d'obstacles, quand il s'agissait d'élargir le cercle de leur trafic. Et, ce que les Anglais avaient fait, ils pouvaient bien l'entreprendre aussi.

La relation que Jehan Sauvage a laissée de son voyage en Moscovie, est intéressante à un double point de vue. Le pittoresque et l'utile s'y associent. Sauvage ne se contente pas de faire la description de ce qu'il voit, de détailler les mœurs des habitants vivant les longs mois de l'hiver dans leurs cahutes souterraines, il trace encore la route aux navigateurs tentés d'entreprendre, après lui, l'exploration de ces contrées.

Sauvage indique, d'abord, la route à suivre pour se rendre dans la mer Blanche par le cap Nord.

Après avoir doublé le cap Nord, il fait escale à l'île de Verdehousse (*Vardöhus*) dans la partie septentrionale de la Norvège. Le vieux navigateur dieppois fournit, sur ce moüillage, des indications fort précises, et qui sont restées assez exactes.

Puis, il raconte le séjour qu'il y a fait.

« Quand nous fûmes à l'ancre, nostre mar-
» chand alla en terre pour parler au capitaine
» du chasteau et lui demander congé de passer
» pour aller à Saint-Nicolas. Il répondit que
» jamais il n'avoyt veu François passer par là
» pour aller à Saint-Nicolas et qu'il n'avait
» nulle commission de nous donner congé pour
» aller là. Et voiant cela, falut faire présens à

» quelques sieurs qui parlèrent pour nous ; ce
» qui cousta environ 250 dalles sans les présens
» et despens que nous feimes ; car nous y demeu-
» rasmes trois jours ».

Des pêcheurs anglais fréquentaient déjà ces parages. En arrivant à Vardöhus, Jehan Sauvage trouva six bateaux anglais qui « peschaient la morue ».

Cette première remarque que fait Sauvage est bien celle d'un bon commerçant soucieux de son trafic, et qui voit que des concurrents étrangers l'ont précédé dans une voie nouvelle.

Sauvage et ses compagnons ne se laissèrent pas rebuter par les difficultés que leur suscita le gouverneur norvégien de Vardöhus. D'ailleurs, ils obtinrent bientôt le laisser-passer et tout se termina par force politesses. Des boissons furent apportées à bord du navire, et on but largement. Sur ce chapitre, les Norvégiens purent en remontrer aux marins dieppois. Le récit de cette scène, dans le journal de Jehan Sauvage est charmant de naïveté.

« Quand nous fûmes atollis et que nous
» eumes payé nostre coustume, les serviteurs
» du Sieur apportèrent à Monsieur Colas un
» grand pot de bois rouge qui tenait plus de
» douze pots, qui estoit tout plein de grosse
» bière noire et forte plus que le vin, et falut
» boire tout. Et croiez que les sieurs Colas et
» du Nenel estoient plus fachez de tout boire
» que de l'argent qu'ils venoient de desbourser;
» car il fallait vider ceste cruche ou bien faire
» de l'yvroigne pour en sortir ; car telle est leur
» coutume ».

Enfin le 18 juin, suivant l'expression de Sauvage, « ils furent délivrés du capitaine de Verdehousse » et mirent à la voile pour poursuivre leur voyage d'exploration.

Pendant les trois jours qu'il était resté au mouillage de Vardöhus, Sauvage avait observé le pays et les mœurs des habitants. Le soleil de minuit, qu'il voyait pour la première fois, l'avait frappé, mais n'ayant que d'imparfaites notions d'astronomie, l'explication qu'il donne de ce phénomène est assez diffuse. Il est plus précis quand il décrit la façon dont les Norvégiens s'y prennent pour sécher leur poisson.

« Le fort de la pescherie estait desia faict
» quand nous y fûmes arrivés (à Vardöhus). Et
» tout le poisson qu'ils peschent, ils ont, tout à
» l'entour du village force perches et des grands
» boisses là où ils mettent sécher leurs morues.
» Et la lune leur baille cette sécheresse qu'il
» viennent aussi secs comme bois. Et les
» Anglois l'appellent *loquefix* mais c'est morue
» propre ».

Ce *loquefix* de Sauvage n'est autre, selon toute apparence, que le *stockfish* des Anglais.

Mais avec son instinct, son flair de vieux

négociant rompu aux entreprises lointaines, l'armateur dieppois sentait qu'il y avait autre chose à faire sur les plages de la Mer Blanche que la pêche à la morue.

Une ville nouvelle, Arkhangel, s'était fondée deux ans auparavant, en 1584, à 50 kilomètres de l'embouchure de la Dvina, près d'un ancien couvent dédié à saint Michel, archange, d'où son nom.

La Mer Blanche, la seule qui baignât la Moscovie, possédait déjà un port, le havre de Kholmogory également sur la Dvina, en amont d'Arkhangel.

Depuis le voyage de Chancellor, trente années auparavant, un mouvement commercial d'une certaine importance se produisait dans ces parages.

Le 28 juin, le navire dieppois arriva devant Arkhangel.

La réception que Sauvage et ses compagnons

reçurent fut excellente. L'intrépide voyageur se hâte de le constater.

« Nos marchands allèrent à terre pour parler
» au gouverneur et faire leur rapport, comme
» est la coustume en tout païs : et l'ayant salué il
» leur demanda d'où ils estaient et quand il
» sceut que nous estions français, il fut bien
» réjoui et dit à l'interprète qui les présentoyt
» qu'ils estoient les très bien venus et prit une
» grande coupe d'argent et la feit emplir, et
» fallut la vuider et puis une autre et encore la
» revuider, puis encore la troisième qu'il fallut
» parachever. Et aiant fait ces trois beaux coups
» on pense estre quitte, mais le pire est le
» dernier, car fault boire une d'eau-de-vie
» qui est si forte qu'on a le ventre et le
» gosier en feu, quand on a beu une tasse :
» encore n'est-ce pas tout, et ayant parlé un
» mot avec vous, fauldra encore boire à la
» santé de vostre Roy ; car vous ne l'auseriez

» refuser. Et c'est la coutume du pays de bien
» boire ».

N'est-elle pas touchante, cette cordiale réception faite à quelques-uns de nos compatriotes qui ont été des premiers à fouler le sol russe ?

Après avoir ainsi rendu hommage à l'hospitalité charmante du gouverneur d'Arkhangel Jehan Sauvage et ses compagnons s'occupèrent de leurs affaires.

L'armateur de Dieppe apportait avec lui quelques marchandises, des produits de France, pour les échanger contre des denrées russes.

« Quand nous eûmes mis notre marchandise
» à terre, les marchands veinrent de Moscovie,
» car il y a fort long chemin, et amenèrent de
» grandes gabares qui portaient leurs marchan-
» dises, comme suifs, cuirs, lins, chanvres, cire
» et grands cuirs d'Esland et les mettoient dans
» le chasteau, puis les vendoient à ceux qui en
» bailloient de l'argent ».

Arkhangel, à peine fondée, devenait un centre de transactions relativement important, puisqu'il y avait là des docks pour le commerce et des entrepôts pour le transit de mer. La Moscovie qui, jusque-là, était restée, pour ainsi dire, renfermée en elle-même, commençait à regarder au dehors, dans ce besoin d'expansion qu'ont les peuples à un certain moment de leur histoire. Le mouvement, indiqué déjà sous Ivan-le-Grand et sous Ivan-le-Terrible, s'accentuait sous Féodor, fils et successeur de ce dernier.

Jehan Sauvage que les choses de commerce intéressaient tout particulièrement, fut frappé de l'activité qui régnait dans ces régions où un hiver si long met obstacle aux opérations maritimes.

« Croiez » dit-il, « que j'ai veu sortir de la
» rivière en deux mois que nous y avons esté,
» plus de 250 grandes gabares toutes chargées
» comme du seigle, de sel, cuirs, cires, lins et
» autres marchandises ».

Puis, pour terminer le récit de son voyage, Jehan Sauvage revient sur les indications qu'il fournit presque à chaque page sur la navigation dans ces mers, ce qui donne à sa relation la physionomie d'un *memento* pour le marin.

« Faut que les gabares qui sont en voïage
» par la mer, se retirent à la fin du mois d'aoust
» ou à la my septembre pour le plus tard,
» car la mer se prend et engèle toute en une
» nuict ; car, depuis que le soleil est près
» de son équinoctial, le païs est fort glacial
» et aquatique comme les hommes m'ont
» conté ».

Cette relation qui s'arrête là, fut rédigée par Jehan Sauvage dès son retour à Dieppe. Elle est datée du 20 octobre 1586.

Dans ce même mois arrivait en France le premier ambassadeur du Tsar.

Le voyage de Jehan Sauvage devait porter ses fruits, car nous verrons dans la suite, que le Tsar Féodor Ivanovitch, consentait l'année suivante, en 1587, à ouvrir le havre de Kholmogory, au commerce français par un traité qu'il fit avec des marchands parisiens. Il est curieux de constater que ce traité est le premier où il soit fait mention des rapports entre la France et la Russie.

Ces relations devaient, il est vrai, rester longtemps sur le terrain commercial, avant d'entrer dans le domaine des combinaisons politiques.

Mais la réunion d'intérêts communs n'est-elle pas le principe de toute alliance ? Montesquieu l'a fort bien dit : « L'effet naturel » du commerce est de porter à la paix. Deux » nations qui négocient ensemble se rendent » réciproquement dépendantes : si l'une a inté- » rêt d'acheter, l'autre a intérêt de vendre ; et

» toutes les unions sont fondées sur des besoins
» naturels » (1).

Si les relations entre la Russie et la France ne datent que de la fin du seizième siècle, les Grands-Princes de Moscou — on sait que ce fut Ivan-le-Terrible qui, le premier, prit le titre de *Tsar* — entretenaient déjà des rapports avec certaines cours européennes.

M. Rambaud (2) nous fait assister aux débuts de la diplomatie moscovite au milieu du quinzième siècle, sous le long règne d'Ivan III, dit *le Grand*. Vassili, son fils et successeur, continua ses traditions. Quand il recevait un ambassadeur, il déployait un faste tout oriental.

Les envoyés des Grands-Princes de Moscou n'étalaient pas moins de magnificence dans leurs missions à l'étranger. Accompagnés d'un

---

(1) Esprit des Lois.
(2) Histoire de Russie.

diak, ou secrétaire, chargé de rédiger la relation de l'ambassade, escortés d'une suite nombreuse, ils voyageaient à petites journées, à grands frais, munis d'un sauf-conduit.

Le Grand-Prince leur donnait au départ deux années d'honoraires et leur fournissait tous les costumes d'apparat, ainsi que leur équipement et celui de la suite. Le souverain remettait à son ambassadeur une lettre pour la Cour qu'il allait visiter. Ce parchemin d'une écriture fine et serrée, pour faire tenir le texte en une seule page, était écrit alternativement avec de l'encre et de l'or. Le Grand-Prince tirait, en outre, de son trésor de magnifiques fourrures que ces envoyés apportaient en présents aux souverains auprès desquels ils étaient accrédités.

Quand une ambassade étrangère arrivait à Moscou, la couronne avait coutume de la défrayer de toutes les dépenses de transport, de logement et de vivres. Les envoyés des Grands-

Princes exigeaient, à leur tour, les mêmes privilèges des cours étrangères.

Le cérémonial que déployaient ces vieux diplomates moscovites rappelait, par certains côtés, les subtilités qui furent en honneur dans l'Empire de Byzance. Ils se montraient pointilleux à l'excès dans les questions d'étiquette, et leur formalisme, relativement aux protocoles et aux instructions dont ils étaient porteurs, était poussé à un point extrême.

Mais ces missions spéciales n'avaient jamais qu'un caractère absolument temporaire. Elles pourraient être comparées à ce que l'on nomme aujourd'hui des ambassades extraordinaires.

Ce fut Pierre-le-Grand qui établit, le premier, des agents diplomatiques avec résidence fixe auprès des différentes cours Européennes, comme le fait remarquer le Prince Emmanuel Galitzin, dans son ouvrage sur *la Russie du XVIIe siècle*.

Le Tsar Féodor Ivanovitch, qui avait succédé à son père, Ivan-le-Terrible, en 1584, envoya au roi de France, Henri III, pour lui notifier son avènement, une de ces ambassades extraordinaires dont nous venons de parler.

Il confia cette mission à un de ses interprètes, le Français Pierre Ragon.

Les renseignements historiques font, malheureusement, défaut sur l'ambassade de Ragon auprès du dernier Valois. Nous savons seulement que cet envoyé moscovite fut traité avec les plus grands égards.

Quand Pierre Ragon partit, pour rentrer en Moscovie, Henri III lui adjoignit un compagnon, François de Carle. M. Louis Paris suppose que ce personnage était le neveu de Lancelot de Carle, qui fut chargé d'une mission à Rome, et qui mourut, en 1570, évêque de Riez.

De même que pour l'ambassade de Pierre

Ragon, les détails manquent sur celle de François de Carle, que l'on peut considérer comme le premier ambassadeur français en Moscovie. Tout ce que l'on connaît de précis, c'est une lettre que le Tsar Féodor écrivit à Henri III. Cette missive, datée du mois d'octobre 1586, fut apportée à Paris par François de Carle au retour de son voyage.

Tout d'abord, dans sa lettre, le Tsar confirme la mission du *truchement* Pierre Ragon en France pour « advertir » le roi Henri « de l'état de nos affaires ». Féodor accuse réception de la réponse apportée par l'ambassadeur du roi de France. Le Tsar en fait une sorte de paraphrase.

« Et au surplus, par nos dites lettres, nous
» avez mandé que désiriez par ci-après confirmer
» avec toute amitié et fraternelle correspon-
» dance affin d'accroître icelle, et, à cet effet,
» étiés délibéré nous envoïer en temps opportun

» vostre ambassadeur avec charge et plein
» pouvoir pour establir et arrester toute amitié
» et fraternelle correspondance, pour rendre le
» commerce des marchands libres, pour aller
» et venir seurement d'une part et d'autre sans
» aucun empeschement, de sorte que les nostres
» puissent acheter toutes sortes de marchandises
» par vos terres et païs, et réciproquement,
» vos marchands aux nostres. Nous sommes
» de même volonté de confirmer semblable
» amitié et fraternelle correspondance, aux
» fins d'accroistre entre nous plus d'amitié et
» fraternité.

« A ceste cause, envoiés-nous vostre ambas-
» sadeur sans aucun dangier par mer ou par
» terre, et luy donnés pouvoir de traicter de
» toutes affaires, affin d'arrester entre nous
» amitié et intelligence en la meilleure forme
» que faire se pourra. »

Le Tsar promet que les affaires seront discutées et examinées, de concert, entre l'ambassadeur et la *Douma*, conseil des Boïars.

Enfin, pour donner un témoignage de ses bonnes dispositions à l'égard de notre pays, Féodor accorde toutes les libertés aux Français qui viendront en Russie.

« Au demeurant, permettons à vos ambas-
» sadeurs et courriers venir en nos païs, par
» mer et par terre, et retourner librement avec
» toutes leurs gens et biens et sans aucun
» empeschement ou retardement. Nous avons
» aussi permis que les marchands puissent
» venir et fréquenter de vos païs avec toute
» espèce de marchandises en nos terres; c'est
» assavoir, par mer au hâvre de Colmagret
» (Khalmogory), et, par terre, par toute notre
» obéissance, et retourner et passer franchement
» et librement, et sans aulcune perte, le tout en
» vertu des présentes. »

Les bonnes dispositions de Féodor Ivanovitch

ne devaient pas rester infructueuses pour nos compatriotes.

Quelques mois après, en mars 1587, le Tsar signait à des marchands parisiens un traité de commerce (1).

Ces commerçants, les sieurs Jacques Parent et compagnie, avaient pour mandataires à Moscou « Nicolas de Renel et Guillaume de la Bistrate ». Par le traité du 23 mars 1587, le souverain moscovite prenait leurs personnes et leurs biens sous sa protection. Il leur accordait, en outre, « franche commerce en payant seul-
» lement la moitiée des droictz moingz de ce
» que payent les autres étrangers en toutes noz
» villes susdictes suivant nostre commandement, et ce pour cause et considération de

---

(1) Le texte de ce traité a été publié par M. H. Omont dans le Bulletin de la Société de l'histoire de Paris et de l'Ile-de-France (année 1884).

» ce qu'ilz ont esté les premiers Français qui se
» sont jamais hasardés de venir à Arcange pour
» faire trafique à nostre païs ».

Les commerçants de notre pays obtenaient, dirait-on aujourd'hui, *le traitement de la nation la plus favorisée.*

III

Rapports d'Henri IV avec les Tsars. — Temps troublés en Russie et en France. — Vie et aventures du capitaine Margeret. — Il écrit un livre sur les événements dont la Russie est le théâtre. — Le discours sommaire du sieur de Dombasle. — Une ambassade russe auprès de Louis XIII. — La mission de Deshayes-Courmenin.

A la fin du règne d'Henri III, on commençait donc en France à connaître la Moscovie. L'impulsion était donnée ; nos commerçants savaient qu'ils avaient un nouveau débouché pour leur trafic.

Les intérêts privés qui avaient motivé les premiers rapports entre les souverains des deux pays devaient, en s'étendant, accroître ces relations, d'abord timides, intermittentes, réservées, puis plus cordiales, à mesure qu'elles devenaient plus suivies.

Henri IV s'intéressait beaucoup aux choses de la Moscovie. Avec son esprit ouvert à tout, ayant toujours l'ambition de conduire la France dans la voie du progrès, il ne pouvait rester indifférent au mouvement qui poussait vers Moscou les puissances occidentales. Il y avait là des relations nouvelles à entretenir, peut-être avec gloire et profit dans la suite.

Henri IV eut, plusieurs fois, l'occasion de correspondre avec les Tsars.

D'abord, le 7 avril 1595, le Roi de France avait écrit à Féodor Ivanovitch, en faveur d'un médecin nommé Paul. Cette épître royale est charmante, dans le fond comme dans la forme. On y retrouve toutes les délicatesses de la pensée, toutes les finesses du style : deux qualités bien françaises, et qu'Henri IV possédait à un haut degré :

« Très illustre et excellent prince, notre cher
» et bon amy, il y a un nommé Paul, citadin
» de la ville de Milan, qui vous sert en qualité
» de médecin, il y a longtemps, lequel estant
» fort âgé, désire passer dans ce royaume pour
» y revoir ses parents et amys qui sont en notre
» cour, et nous ont supplié très humblement
» d'intercéder pour lui vers vous. Au moyen de
» quoi nous vous prions aussi de le lui vouloir
» permettre. Et si en son lieu vous désirez un
» autre de cette profession, nous tiendrons la
» main de vous en envoyer un, de la doctrine
» et fidélité duquel vous aurez toute satis-
» faction. Comme en toutes autres occasions,
» nous serons très aises d'avoir moyen d'user
» de revanche et faire autre chose qui vous soit
» agréable et tournée à votre contentement.
» Priant Dieu, très illustre et très excellent

» prince, nostre très cher et bon amy qu'il vous
» ait en sa très sainte et digne garde.

« Escrit à Paris, le septième jour d'avril 1595.

« Votre bon amy, (1)

« Henry. »

Dans la seconde missive que l'on possède, Henri IV recommande au Tsar un nommé Moucheron, mandataire d'un groupe de négociants français, qui désirait obtenir le libre exercice de son commerce en Moscovie.

Le Tsar Féodor Ivanovitch était mort en 1598. Prince faible au physique et au moral, il avait abandonné tout le soin du gouvernement à son beau-frère, l'ambitieux Boris Godounof. Celui-ci n'eut pas de peine à se faire reconnaître comme souverain. Le peuple était déjà habitué à le voir régner, et Féodor n'avait pas laissé d'héritier direct. La vieille dynastie qui régnait depuis

---

(1) *Louis Paris*. Chronique de Nestor, T. I.

plusieurs siècles à Moscou s'éteignait donc, presque dans le même temps où, en France, la race des Valois disparaissait.

Avant l'avènement des Romanof qui devaient acheminer la Russie vers sa grandeur actuelle, la Moscovie allait être le théâtre d'événements tragiques. C'est cette époque que les historiens appellent *le temps des troubles*. Dans notre pays, le changement de dynastie ne s'était pas non plus opéré sans luttes.

Les guerres de la Ligue avaient fait surgir en France un grand nombre de ces aventuriers militaires, qui vivent au milieu des troubles civils comme dans leur élément naturel. Mais après l'avènement d'Henri le Béarnais au trône des Valois, ces hardis partisans qui ne rêvaient que batailles ne trouvèrent plus, dans le pays enfin pacifié, l'emploi de leur bravoure professionnelle.

Le temps des brillantes estocades était passé

et cette soldatesque, n'ayant sa raison d'être que là où il y avait des coups à donner ou à recevoir, devait chercher ailleurs les combats qui la faisaient vivre.

Ces aventuriers se dispersèrent, pour aller en différents pays, mettre leur épée au service des princes qui guerroyaient.

L'un de ces soldats de fortune devint célèbre. C'était le capitaine Jacques Margeret. Toujours prêt à mettre flamberge au vent, il avait fièrement suivi le panache blanc d'Henri IV.

Dans son aventureuse existence à l'étranger, le capitaine fut mêlé à beaucoup d'événements, parmi lesquels il y en eut de tragiques.

Brave, entreprenant, véritable soldat sans peur et sans reproches, poussé par le caprice de son humeur batailleuse à transporter d'une contrée à l'autre le théâtre de ses exploits, Margeret fut incontestablement une curieuse figure. Et pourtant, si le nom du capitaine Margeret est arrivé jusqu'à nous, ce n'est pas comme celui d'un homme d'épée.

Ce capitaine, qui aurait pu laisser derrière lui une renommée guerrière, dut sa célébrité à sa plume.

Certes, Jacques Margeret n'était pas né pour devenir écrivain. Il n'en est pas moins l'auteur d'un livre qui parut à Paris, en 1607, sous ce titre : *Estat de l'Empire de Russie et Grand-Duché de Moscovie avec ce qui s'y est passé de mémorable et tragique depuis l'an 1590 jusques en septembre 1606.*

Le livre eut un grand succès. Le libraire Mathieu Guillemot qui l'avait imprimé vit les acheteurs accourir dans sa boutique.

Cet ouvrage était une nouveauté. Jusqu'alors on n'avait presque rien publié en France sur la Moscovie, et, comme on commençait à tourner les yeux vers ce pays inconnu, le livre de Margeret était une intéressante actualité.

Les Français et surtout les Parisiens, ont toujours été curieux, aussi bien du temps d'Henri IV que de nos jours. Tous ceux qui lisaient voulurent connaître ce que Margeret disait de ces contrées éloignées. Quels étaient les événements mémorables et tragiques dont il avait été témoin ? Le titre était alléchant et piquait vivement la curiosité.

L'ouvrage, d'ailleurs, était excellent et digne d'attirer l'attention des amateurs de bons livres. La relation de Margeret, écrite d'une plume un peu rapide, un peu rude, comme le personnage, mais très nette et fort précise, est restée, en certaines parties, encore assez exacte. Tous les historiens qui se sont occupés de la Russie n'ont pas ignoré ce premier ouvrage français sur la Moscovie, et ont pu consulter avec avantage ce témoignage sincère d'un homme qui avait vu se dérouler les événements dont il parlait.

Il y a, cependant, un point important sur

lequel Margeret n'est pas d'accord avec l'histoire. Il considère le Tsar Demetrius, celui que nous sommes habitués à appeler le faux Demetrius, comme le véritable fils d'Ivan-le-Terrible.

Après le livre si bien fait de Mérimée, *les faux Demetrius*, ce problème historique semble résolu.

Pour donner une idée du succès qu'obtint l'*Estat de l'Empire de Russie*, il nous suffira de reproduire d'après M. Henri Chevreul (1), un passage du privilège accordé par le Roi Louis XIV au libraire Jacques Langlois, qui en 1668, à l'occasion de l'arrivée en France de l'ambassadeur russe Pierre Ivanovitch Potemkine, avait demandé l'autorisation de réimprimer le récit du capitaine Margeret.

(1) *Estat de l'Empire de Russie et Grand Duché de Moscovie par le Capitaine Margeret.* — Nouvelle édition précédée d'une notice biographique et bibliographique par Henri Chevreul. Potier, Paris 1855.

« Nostre bien amé Jacques Langlois impri-
» meur en nostre bonne ville de Paris, nous a
» fait remonstrer que sous la permission de
» Henri IV de glorieuse mémoire nostre très
» honoré seigneur et ayeul, ayant été imprimé
» par Mathieu Guillemot en l'année 1607 un
» livre intitulé, *Estat de l'Empire de Russie et*
» *Grand Duché de Moscovie*, composé par le
» capitaine Margeret, de si bon débit, qu'il ne
» s'en est point trouvé chez les héritiers dudit
» Guillemot, ny chez aucuns libraires quelque
» recherche qu'en ayt fait l'exposant, et plusieurs
» autres personnes curieuses de connoistre ledit
» Grand Duché de Moscovie, par ce qui en est
» rapporté dans le second volume du Mercure
» françois, et dit par les ambassadeurs qui sont
» présentement en nostre cour pour demander
» nostre alliance, et lier commerce entre nos
» sujets et les habitants dudit Grand Duché :
» ledit exposant aurait obtenu du sieur Marge-

» ret, conseiller en nos conseils et Grand
» audiencier de France, petit nepveu dudit
» capitaine Margeret le seul exemplaire qui
» reste dans sa famille, dudit livre pour le
» réimprimer, à condition de n'y rien changer. »

Outre sa valeur intrinsèque, outre la curiosité qui s'attachait à ses pages, le livre de Margeret comportait un autre élément de succès. Il avait un auguste parrain : le roi de France. Personne n'ignorait que le capitaine avait écrit sa relation sur l'ordre d'Henri IV.

A son retour en France, Margeret avait été reçu par le roi, pour lequel il s'était battu jadis. Henri IV lui demanda le récit de ses aventures dans les pays du Nord. Le capitaine lui raconta les évènements auxquels il avait assisté.

Le roi fut charmé de la narration. Il ordonna à Margeret de l'écrire et de la publier.

Dans son épître dédicatoire au roi, le capitaine préconisait les avantages qu'aurait la

jeunesse française, à voyager, et à relater comme il le faisait, les impressions recueillies à l'étranger. La Moscovie offrait, d'après lui, un vaste champ d'utiles explorations. « Sire, disait-il,
» si les subiects de Vostre Maiesté qui voyagent
» en Païs éloignez, faisoient leurs relations au
» vray de ce qu'ils y ont veu et marqué de plus
» notable, leur profit particulier tourneroit à
» l'utilité publique de vostre Estat : non seule-
» ment pour faire veoir, rechercher et imiter ce
» qui est de bon et industrieux chez autruy, estant
» très vray que Dieu a disposé toutes choses en
» sorte que pour mieux entretenir la société
» entre les hommes, les uns trouvent ailleurs ce
» qu'ils n'ont pas chez eux : mais aussi cela
» donneroit cœur à nombre des ieunes gens
» oysifs et casaniers d'aller chercher et apprendre
» la vertu dans le pénible mais utile et hono-
» rable exercice des voyages et des armes
» estrangères et leveroit l'erreur à plusieurs qui

» croyent que la Chrestienté n'a bornes que la
» Hongrie : car ie puis dire avec vérité que la
» Russie, de laquelle i'entreprens icy la des-
» cription par le commandement de Votre
» Maiesté, est l'un des meilleurs boulevards de
» la Chrestienté et que cet Empire et ce païs-là
» est plus grand, puissant, populeux et abondant
» que l'on ne cuide. »

Quelques détails biographiques sur cet hardi précurseur sont nécessaires. Nous donnerons en même temps, un rapide coup d'œil sur les événements tragiques auxquels il se trouva mêlé en Moscovie.

Jacques Margeret naquit en 1560. Son contemporain et ami, le président de Thou, nous dit que le capitaine était originaire de la Franche-Comté. D'aucuns en font un bourguignon. Mais, d'après certains documents tirés des Archives de la Côte-d'Or, la famille de Margeret était l'une des plus anciennes du Comté d'Auxonne. La confusion provient, sans doute, de ce que le Comté d'Auxonne était placé entre le Duché de Bourgogne et la Franche-Comté.

Mais si l'origine du capitaine semble définitivement établie, les détails manquent sur sa jeunesse et son éducation.

Nous ne trouvons la trace de Margeret qu'à une époque où il a déjà atteint l'âge d'homme. C'est en 1595, au mois de juin, à St-Jean-de-Losne. Cette petite ville qui avait embrassé la cause d'Henri IV, opposait une résistance acharnée aux ligueurs de Nuits et de Dijon. Ceux-ci furent contraints de lever le siège, et le Roi fit, quelques jours après, son entrée solennelle à Saint-Jean-de-Losne, acclamé par ses héroïques et fidèles sujets. Margeret était parmi ces braves.

Mais bientôt, Henri IV n'eut plus besoin du dévouement de ces soldats irréguliers. Margeret quitta la France et alla se mettre à la solde de l'Empereur qui, avec le Prince de Transylvanie, faisait la guerre au Turc.

Quels événements poussèrent cet aventureux militaire à quitter le service de l'Empereur? Margeret qui, dans son ouvrage, évite avec une modestie rare de se mettre en cause, ne nous le fait pas savoir. Dans les dernières années du seizième siècle, nous le retrouvons en Pologne, capitaine d'infanterie au service du roi Sigismond.

A Cracovie, Margeret fit la connaissance de l'ambassadeur moscovite Vlasief. Celui-ci l'engagea vivement à passer en Russie où son activité, sa bravoure et son intelligence auraient un meilleur emploi. Le capitaine, dont l'humeur vagabonde ne pouvait longtemps s'astreindre au même genre d'existence, écouta le conseil.

Margeret se rendit à Moscou, fut présenté au Tsar Boris Godounof et entra à son service. En fait d'art militaire, notre capitaine se sentait apte à tout. En Pologne, il était fantassin ; en Moscovie, il reçut le commandement d'une compagnie de cavalerie. C'était en l'an 1600.

L'historien russe Karamsine nous affirme que, sous le règne de Boris Goudounof, il y avait à Moscou nombre de Français, non seulement des marchands et des aventuriers militaires, mais quelques jeunes gens qui venaient apprendre la langue. Le Tsar, de son côté, envoyait des Russes s'instruire à Paris.

Quand Démétrius, ce jeune et audacieux aventurier dont l'identité n'a jamais pu être établie d'une façon certaine, entra en Moscovie à la tête de troupes que lui avait fournies Sigismond, roi de Pologne, le Tsar Boris envoya une armée contre lui.

Démétrius qui prétendait être le véritable fils d'Ivan-le-Terrible échappé miraculeusement au poignard des assassins, avait su capter non seulement la confiance de Sigismond, mais encore celle de quelques grands seigneurs polonais. L'un d'eux, entre autres, faisait une active propagande en faveur de l'aventurier. C'était Mniszek, palatin de Sandomir. Il possédait des richesses considérables, et, nous dit Margeret, il avait le luxe de se faire servir par un cuisinier français.

Le palatin était fort ambitieux. Démétrius avait ébauché un roman d'amour avec sa fille Marina. Dans l'espoir de la voir un jour couronnée Tsarine à Moscou, Mniszek favorisa ce sentiment, et Marina fut promise à Démétrius.

L'aventurier, à la tête des troupes polonaises, commença par remporter de grands succès sur l'armée de Boris. Le Tsar effrayé concentra ses forces, et le 20 janvier 1605 ses généraux livrèrent bataille à Démétrius, dans les environs de Dobrynitchi.

Les polonais avaient déjà presque culbuté l'infanterie moscovite ; la victoire allait encore une fois sourire au prétendant, lorsque deux compagnies russes commandées l'une par le livonien Walter de Rosen, et l'autre par le capitaine Margeret arrêtèrent la charge ennemie, facilitant ainsi le ralliement des troupes de Godounof. Les polonais surpris reculèrent, et abandonnèrent bientôt le combat.

Cet échec ne découragea pas Démétrius. On aurait pu croire que la défaite de Dobrynitchi allait anéantir à jamais toutes ses espérances. Mais les événements semblaient le favoriser, jusque dans ses revers.

Le Tsar Boris mourut subitement le 13 avril 1605. Son fils Féodor, un enfant de seize ans, fut proclamé Tsar ; mais, un mois après, il fut massacré et les boïars, voyant que Démétrius avait un parti considérable dans le peuple, se retournèrent vers le prétendant. Celui-ci se mit en marche sur Moscou, et le 20/30 juin de cette même année, il faisait son entrée dans le Kremlin acclamé par tous.

Margeret, qui avait servi Boris Godounof avec dévouement et fidélité, fut un des premiers à se ranger derrière l'usurpateur, qui lui donna le commandement de la première compagnie de ses gardes du corps, composée de 100 archers « richement habillés de velours brodé d'or », dit une vieille chronique.

Démétrius aimait à s'entretenir de la France avec le capitaine Margeret. Il le faisait venir auprès de lui, et le pressait de questions sur Henri IV pour lequel il avait conçu une profonde admiration.

Voici, du reste, le portrait que Margeret nous trace de ce Tsar :

Il « estoit aagé d'environ vingt-cinq ans,
» n'ayant nulle barbe, d'une stature médiocre,
» les membres forts et nerveux, brun de com-
» plexion, et avoit une verruë pres du nez sous
» l'œil droit, il estoit agile, avoit un grand
» esprit, estoit clément, tost offensé, mais aussi-

» tost appaisé, libéral, enfin un Prince qui
» aymoit l'honneur, et l'avoit en recommanda-
» tion. Il estoit ambitieux, ses desseins estoient
» de se faire cognoistre à la postérité, et estoit
» délibéré ayant ia donné commandement à
» son secrétaire de se préparer au mois d'aoust
» dernier mil six cens six, pour partir avec les
» navires angloises, pour venir en France congra-
» tuler le Roy très chrétien, et avoir correspon-
» dance avec luy, duquel il m'a parlé plusieurs
» fois avec une grande révérence. »

Mais ce projet de voyage ne devait pas être mis à exécution. Le 27 mai 1606, une révolution éclatait à Moscou ; Démétrius était assassiné.

On massacrait, en même temps, ses plus fidèles serviteurs. Margeret, qu'une maladie fort opportune tenait éloigné du Palais, dut, sans doute, à cette circonstance d'avoir la vie sauve.

On brûla le corps de Démétrius, et ses cendres

furent mêlées à la poudre d'un canon que l'on tira dans la direction de la Pologne.

L'usurpateur laissait des dettes. Il devait, notamment, trois mille roubles pour fourniture de bijoux à un Français, Bertrand de Casans, marchand de la Rochelle. Cette créance motiva une lettre écrite en 1607 par Henri IV à Vassili Chouïski, l'âme du soulèvement contre le faux Démétrius, et qui avait été élu Tsar à Moscou, après le dénouement tragique de l'aventure.

Margeret resta quelque temps encore en Russie. Le nouveau Tsar Vassili Chouïski désirait l'attacher à sa personne, mais le capitaine français voulait rentrer dans son pays. Il obtint, non sans peine, la permission de partir et, le 16 septembre 1606, il s'embarquait à Arkhangel.

Arrivé en France, nous savons qu'il s'occupa, sur l'ordre d'Henri IV, d'écrire l'histoire des événements auxquels il venait d'être mêlé.

En 1609, nous retrouvons Margeret en Moscovie où il sert la cause du second faux Démétrius, celui que les historiens russes appellent le *brigand de Touchino*.

Puis il passa en Pologne, où il servit brillamment le Roi qui le nomma son conseiller.

Mais cet emploi pacifique ne pouvait convenir à l'humeur batailleuse de Margeret. Il se rendit à Hambourg, d'où il écrivit en Russie pour y reprendre du service. Ses démarches restèrent infructueuses.

A partir de 1612, on perd sa trace. L'endroit où mourut le capitaine Margeret, et la date de sa mort, sont restés inconnus.

La relation laissée par le capitaine Margeret n'est pas le seul document, dû à une plume française que nous possédions sur cette période de l'histoire russe.

M. Louis Paris a publié, en 1834, d'après un manuscrit de la Bibliothèque du Roi, le *Discours sommaire de ce qui est arrivé en Moscovie depuis le règne de Ivan Wassiliwich* (Ivan le Terrible), *empereur, jusques à Vassili Ivanovitz Soushy* (Vassili Chouïski) ; *par Pierre de Laville, sieur de Dombasle.*

Ce manuscrit porte la date de 1611.

Pierre de Laville, sieur de Dombasle était, comme le capitaine Margeret, un de ces aventuriers militaires dont nous avons parlé, et comme lui, après s'être battu, il écrivait.

Ces courageux soldats montrèrent, ainsi qu'il arrive souvent, de réelles qualités d'historiens. On voit que l'exemple de César les attirait ; s'ils admiraient et étudiaient le stratège, ils n'oubliaient pas que c'était le même homme qui avait écrit les *Commentaires*.

Mais le point de ressemblance que nous venons de signaler entre Margeret et Pierre de Laville, est tout à fait fortuit. Les deux écrivains ne se sont pas concertés ; ils ne sont même jamais connus. Si Margeret servit dans l'armée russe, le sieur de Dombasle était à la solde de Charles IX, roi de Suède.

Les détails biographiques font absolument défaut sur Pierre de Laville. Tout ce que nous savons de lui c'est qu'il commandait trois compagnies françaises au service de la Suède sous les ordres de Jacques de la Gardie, que Gustave-Adolphe appelait, plus tard, son maître en l'art de la guerre. Ce général était fils de Pontus, baron de la Gardie, gentilhomme du Languedoc qui commanda l'armée suédoise et dont l'historien de Thou nous raconte la mort héroïque.

Rappelons en passant que Pons (ou Pontus) de la Gardie avait épousé une fille naturelle du roi de Suède.

Le discours sommaire que nous a laissé le sieur de Dombasle comporte beaucoup moins de développements historiques que l'ouvrage de

Margeret; il l'égale toutefois par la sincérité de sa narration. Les mêmes faits sont relatés dans les deux récits, mais avec cette différence que Pierre de Laville ne croit pas à la légitimité de Démétrius, contrairement à l'opinion admise par Margeret.

Ecrit à une date postérieure, le *Discours sommaire* nous fait assister à la plupart des événements qui ont signalé le règne de Vassili Chouïski. Il complète ainsi le récit des troubles de Moscovie, entre la fin de la vieille dynastie et l'avènement de la nouvelle.

A l'époque des révolutions qui suivirent à Moscou l'apparition des faux Démétrius, le roi de Suède avait envoyé une armée sur les bords de la Moskowa.

Le rôle que le roi de Suède voulait jouer en Russie n'a jamais été bien exactement défini, ou pour mieux dire, les intentions de Charles IX n'étaient pas sans une arrière-pensée. Sous prétexte d'aider la Moscovie qui se débattait dans une crise terrible, il désirait y prendre pied, pour essayer de s'approprier quelque territoire.

Cette intervention de la Suède qui n'était rien moins que désintéressée, fait songer à la fable de La Fontaine: *le Jardinier et son Seigneur* :

> Petits princes, videz vos débats entre vous :
> De recourir aux rois vous seriez de grands fous,
> Il ne les faut jamais engager dans vos guerres
>   Ni les faire entrer sur vos terres.

Les Princes de Moscovie étaient assurément de grands Princes, mais cette *moralité* eut, tout de même, été pour eux, bonne à méditer.

Pierre de Laville nie formellement que Charles IX ait eu de semblables desseins. Il le fait de bonne foi, et avec la rude sincérité d'un homme de guerre. C'est à ce point de vue tout spécial que la mise au jour de sa relation est intéressante.

Cette intervention de la Suède dans les affaires moscovites, marque une date importante dans l'histoire des rapports entre la France et la Russie. Elle motiva, en grande partie, l'ambassade que le Tsar Michel Feodorovitch, le premier des Romanof, envoya au roi Louis XIII en 1615.

Cet envoyé moscovite qui fut reçu à Bordeaux, où la Cour se trouvait alors pour le mariage du roi avec Anne d'Autriche, s'appelait Ivan Gavrilovitch Kondyref. Il était accompagné de son *diak* Michel Nieverof.

Le message que l'ambassadeur du Tsar remit de la part de son maître au Roy Très Chrétien, traitait d'abord du trafic entre les Français et les Russes. Puis Michel Romanof faisait au roi de France « prières de ne pas souffrir que les « Français assistent les rois de Suède et de « Pologne » dans leurs entreprises contre sa couronne.

Cette partie du message visait les Français comme Jacques de la Gardie, le sieur de Dombasle, et même Margeret.

N'avons-nous pas vu ce dernier, à deux reprises différentes, au service de la Pologne ?

Louis XIII donna à Kondyref une lettre très affectueuse pour son maître. Elle était datée du 16 décembre 1615. On y lit ce passage :

« Nous les avons donc vus, reçus et ouïs
» bénignement (les ambassadeurs moscovites)
» et voudrions leur avoir pu témoigner, au peu
» de séjour que nous avons fait en cette ville
» depuis leur arrivée, l'estime que nous faisons
» de votre dite affection, à laquelle nous corres-
» pondrons par les mêmes offices que vous
» attendez de nous. Car nous défendrons que
» nos sujets servent à l'encontre de vous, et
» aurons à plaisir de faire traiter et convenir du
» renouvellement de notre dite alliance quand
» nous enverrons nos ambassadeurs vers vous. »

Malheureusement on avait oublié dans cette lettre quelques-uns des titres du Tsar. Kondyref fut épouvanté des conséquences que cette omission pouvait avoir pour lui, lorsqu'il serait de retour auprès de son maître. Il fit courir en poste, après la cour de France qui avait quitté Bordeaux pour se rendre à Sedan. Au bout de trois jours, le courrier que Kondyref avait dépêché, rejoignit le cortège royal et put faire réparer la fatale omission.

« L'Ambassade de Kondyref, fait remarquer
» M. Rambaud, ne pouvait produire des résul-
» tats bien sérieux. La Russie était alors si peu
» connue en France que la cour avouait n'avoir
» jamais entendu parler d'elle ».

En 1629, le Roi Louis XIII envoyait comme ambassadeur auprès du Tsar Michel, Deshayes-Courmenin, Conseiller et Maître d'hôtel de Sa Majesté et Gouverneur de Montargis.

A son arrivée à Moscou, le Tsar, nomma des commissaires pour discuter avec lui les affaires qui faisaient l'objet de sa mission.

Au début des conférences, l'Envoyé français prononça ces paroles : « Sa Majesté Tsarienne
» est à la tête des pays orientaux et de la foi
» orthodoxe. Louis, roi de France, est à la tête
» des pays méridionaux ; que le Tsar contracte
» avec le roi amitié et alliance, il affaiblira
» d'autant ses ennemis. Puisque l'Empereur ne
» fait qu'un avec le Roi de Pologne, il faut que
» le Tsar ne fasse qu'un avec le Roi de France.
» Ces deux princes sont partout glorieux ; ils
» n'ont pas leur égal en force et en puissance ;
» leurs sujets leur obéissent aveuglément, tandis
» que les Anglais et les Brabançons n'ent font
» qu'à leur tête. Ceux-ci achètent les marchan-
» dises en Espagne et les revendent aux Russes
» à très haut prix ; les Français leur fourniront
» tout à bon marché ».

Il y avait, dans ces quelques mots, tout le programme d'une alliance politique et économique entre les deux pays. Mais les choses en restèrent là.

Les conférences se terminèrent le 12 novembre 1629. Deshayes-Courmenin revint en France la même année, porteur d'une lettre de Michel Romanof à Louis XIII.

Par cette lettre le Tsar permettait le commerce dans ses États aux sujets du Roi.

« Leur donnons liberté de traitter et faire leur
» commerce avec tous nos sujets en payant seu-
» lement à notre trésor deux pour cent d'impo-
» sition : nous accordons aussi à tous les
» marchands français vos subjects de vivre en
» liberté de conscience dans nostre Empire... »

Ce Deshayes-Courmenin eut une fin malheureuse.

Très ambitieux, très remuant, d'un esprit

porté à l'intrigue, il conspira avec la reine-mère et Gaston d'Orléans contre le cardinal de Richelieu.

M. de Charnacé, ambassadeur de France auprès du roi de Suède qui se trouvait en Allemagne, attaqua, à la tête d'une quinzaine d'hommes à cheval, le carrosse de Deshayes-Courmenin, sur la route de Mayence à Francfort.

Fait prisonnier après une lutte inégale, Deshayes fut conduit à Béziers. Impliqué dans le procès de Montmorency, il fut mis à la question et condamné à mort le 12 octobre 1632. Il eut la tête tranchée le même jour.

Le cardinal n'aimait pas les lenteurs dans sa justice!

IV.

Oléarius et la prétendue ambassade de Talleyrand sous Louis XIII. — Ce que dit Tallemant des Réaux. — Talleyrand et Roussel. — Leur voyage et leurs démêlés. — Talleyrand est envoyé en Sibérie. — Il apprend l'Enéide par cœur. — Lettre de Louis XIII au Tsar Michel pour demander sa mise en liberté. — Les deux ambassades du capitaine Bonnefoy.

Au commencement du XVIIe siècle, vivait en Holstein un savant, Adam Œlschlaeger. Il était né à Aschersleben près de Magdebourg, en l'an 1600.

Dès l'enfance, il avait étudié les sciences, et les sciences ne devaient pas avoir de secrets pour lui. Astronome, géographe et géomètre, il acquit bien vite une grande renommée, et, pour accroître sa réputation, il prit, comme tout honnête savant de l'époque, un nom latin. Une terminaison en *us* était l'indispensable brevet du savoir. Il s'appela donc Oléarius, et c'est sous ce pseudonyme qu'il fut surtout connu.

Oléarius était bibliothécaire et mathématicien du duc Frédéric III de Holstein Gottorp. Ce prince, en 1633, jugea à propos d'envoyer une ambassade en Moscovie et en Perse. Il confia cette mission à Philippe Crusius et à Otto Brüggemann, et leur adjoignit Oléarius à titre de secrétaire.

A partir de ce moment, ce dernier devint diplomate et historien.

En 1647, il publia à Schleswig la relation de l'ambassade dont il faisait partie. C'était généralement la coutume, et ses premiers essais d'histoire diplomatique, quoique fourmillant d'erreurs, sont curieux.

L'ouvrage d'Oléarius eut, en 1656, l'honneur d'une traduction en français sous ce titre : *Relation du voyage de Moscovie, Tartarie et de Perse, depuis l'an 1633, jusqu'en l'an 1639, traduit de l'Allemand d'après Oléarius par L. R. D. B.*

Le bon Oléarius, nous raconte dans son livre, une histoire qu'il n'a pas été difficile de réfuter, de nos jours. Voltaire, déjà, l'avait fait dans la préface de son Histoire de l'Empire de Russie sous Pierre-le-Grand. Mais comme le récit du savant allemand touche aux relations entre la Russie et la France, et que l'anecdote a pour héros un personnage portant nom illustre, nous devons nous y arrêter un instant.

Les ambassadeurs du Duc de Holstein, après avoir accompli leur mission, revenaient en pompeux équipage, lorsqu'en arrivant à Riga, ils rencontrèrent un seigneur français. Ce gentilhomme s'appelait Charles de Talleyrand, Prince de Chalais, Marquis d'Exideuil, Baron de Mareuil et Belleville, Seigneur de Grignols.

Les Allemands ont toujours été fort sensibles aux titres. Les Envoyés holtstinois ne manquèrent pas de faire leur cour à un homme possédant autant de quartiers de noblesse.

Bref, les ambassadeurs du Duc Frédéric et Talleyrand se lièrent. Ils quittèrent Riga ensemble, suivis de leurs escortes respectives qui fraternisaient.

Jusque-là, le récit d'Oléarius est fort véridique. Le personnage français était bien un véritable Talleyrand ; tous les titres qu'il avait déclinés lui appartenaient sans conteste.

Mais là où Oléarius se trompe étrangement, c'est lorsqu'il affirme que Charles de Talleyrand avait été envoyé par Louis XIII en ambassade en Moscovie. Trouvant un Français de si haut rang, au cours de son voyage, le savant allemand pouvait-il faire autrement que de le prendre pour un ambassadeur de Sa Majesté Chrétienne? Mais Louis XIII n'avait jamais envoyé Talleyrand en mission auprès du Tsar Michel.

Oléarius, malgré son titre d'historiographe officiel, n'avait que de fort vagues notions sur l'histoire de son temps. Un peu plus loin, dans son livre, il fait de Talleyrand, un ambassadeur d'Henri IV. Voltaire dit à ce sujet, avec malice : « Il est assez probable que Henri IV mort en » 1610, n'envoya point d'ambassade en Mos- » covie en 1634. » Oléarius ne pratiquait pas assez *l'art de vérifier les dates*.

Il était rare, au dix-septième siècle, de voir de grands seigneurs quitter les agréments de la cour, leurs chasses et leurs plaisirs pour s'en aller voyager au loin. C'est pourtant ce que Talleyrand avait fait.

Jeune, riche, entreprenant, ayant la passion

de voir du nouveau, il était parti pour la Turquie. Dans la crainte de recevoir des remontrances de sa famille, il n'avait parlé de ses projets à personne, et il s'était mis en route sans se munir de lettres de recommandation.

Talleyrand était le frère aîné de Henry de Talleyrand, Comte de Chalais, favori de Louis XIII. Amant de la Duchesse de Chevreuse, le Comte de Chalais accusé de conspiration fut condamné à mort, et exécuté le 19 septembre 1626, sur l'ordre de Richelieu. Il n'avait que 26 ans, et c'est cette fin tragique qui, dit-on, poussa son frère Charles à entreprendre un long voyage à l'étranger.

Chemin faisant, il avait rencontré Jacques Roussel dont il avait fait son compagnon de route.

Le choix était mauvais, et Talleyrand devait bientôt en ressentir les tristes effets.

Tallemant des Réaux, le fameux auteur de ces

Historiettes charmantes, cyniques quelquefois, mais toujours vraies, spirituelles et gaies, qui nous dévoilent, en nous faisant rire, les mœurs du XVIIe siècle, nous a laissé le récit des aventures de Talleyrand et de Roussel.

Des Réaux, « ce bourgeois gausseur » comme l'appelle Sainte-Beuve, sans cesse en haleine pour recueillir les histoires curieuses de son temps, ayant toujours la plume prête pour les relater, et du sel à foison pour les saupoudrer, ne pouvait s'empêcher de raconter avec verve les amusants démêlés du grand seigneur et de son compagnon.

Jacques Roussel était le fils d'un « honneste bourgeois de Chalons » qui avait fait banqueroute. Recueilli par charité, l'enfant accompagnait au collège quelques jeunes gentilshommes pour porter leurs portefeuilles. « Or, comme il arrive
» quelquefois que les valets ont autant ou plus
» d'esprit que leurs maistres, il profitta plus

« qu'eux au collège » dit des Réaux. Bref Roussel devint très fort en grec. Le Duc de Bouillon le prit alors à son service, en qualité de bibliothécaire. Puis il fut répétiteur à Sedan, où il aurait pu gagner honorablement sa vie, mais il se débaucha, passant ses nuits dehors, ce qui lui fit du tort parmi sa clientèle.

De jeunes seigneurs polonais arrivèrent à Sedan vers cette époque-là (1619) pour apprendre le français. Ils s'adressèrent à Roussel.

Ce professeur enseigna à ses élèves les éléments de la grammaire, mais il est permis de croire qu'il leur inculqua, en même temps, le goût du plaisir, car ils menèrent une si joyeuse vie, que l'argent ne tarda pas à leur manquer.

Roussel ne fut pas payé, et « ces Messieurs les Polonais » partirent un beau matin « sans dire adieu. »

La dette se montait à trois ou quatre mille francs, car le professeur, outre son dû, avait répondu pour ses élèves. Roussel fut poursuivi et arrêté par les créanciers, mais ayant obtenu un délai, il partit pour la Pologne à la recherche des débiteurs. Il les trouva et se fit payer. Les jeunes seigneurs agirent d'ailleurs fort honnêtement : en plus de ce qu'ils devaient, ils indemnisèrent Roussel de ses frais de voyage, aller et retour.

Le professeur qui était fin, retors, et qui avait tous les appétits louches d'un aventurier, ne se contenta pas de cette satisfaction pécuniaire : il se fit présenter aux principaux palatins, dont la puissance ne cessait de faire échec à l'autorité royale.

Roussel rêva de jouer un rôle politique, à la faveur du mécontentement général qui régnait dans les États du roi Sigismond. Il parvint à se procurer quelques lettres des palatins, et revint en France. A peine arrivé, il s'empressa de « quitter la poussière de l'escole » et courut à La Rochelle où se trouvait Richelieu.

Roussel, sans préambule, proposa au Cardinal la couronne de Pologne. Pour appuyer son offre, et afin de montrer qu'il était à même de mener cette affaire à bonne fin, il étala sous les yeux du tout puissant Ministre, les vagues papiers qu'il avait rapportés de Varsovie. Richelieu pensa que l'homme qui lui faisait une semblable proposition devait être fou. Il le fit jeter, incontinent, à la porte.

C'est sans doute ce qui fait dire à Voltaire, que Jacques Roussel « n'était pas sans liaisons avec le Ministère de France ».

Roussel alla trouver le Duc de Mantoue dont le goût pour les entreprises chimériques était bien connu. Il paraît que celui-ci ne voulut pas écouter l'offre de l'aventurier, dans la crainte se mettre mal avec l'Empereur et le Roi d'Espagne.

Roussel s'en fut alors à Venise, où il fit la connaissance de M. de Candalle, jeune homme ruiné et qui vivait médiocrement en Italie, brouillé avec toute sa famille. Aux offres que l'ancien professeur lui fit, le gentilhomme reconnut qu'il avait devant lui un extravagant, et, pour s'en débarrasser, il l'adressa à Charles de Talleyrand qui se trouvait dans la ville des Doges.

Le Marquis de Talleyrand proposa à Roussel d'être son compagnon de route. Celui-ci accepta et ils partirent.

Au début, les relations furent cordiales, comme il sied entre gens faisant un long chemin côte à côte. Les deux voyageurs allèrent ainsi en Transylvanie. Le souverain de cette principauté Bethlen Gabor (ou Gabriel Bethlen) (1) accueillit Talleyrand fort bien, à tel point qu'il lui confia une mission diplomatique en Moscovie. De là, sans doute, l'erreur d'Oléarius.

(1) D'après l'usage magyar, on mettait le nom de baptême après le nom de famille.

Bethlen Gabor venait justement de recevoir un ambassadeur du Tsar Michel, et comme cet Envoyé se disposait à regagner Moscou, Talleyrand et Roussel résolurent de faire route avec lui. Avant de retourner dans son pays, l'ambassadeur moscovite devait aller en Turquie. Le voyage de Constantinople n'avait rien qui pût effrayer le Marquis et son compagnon.

Talleyrand avait un grand train de gens à sa suite. Il dépensait l'argent sans compter, et Roussel l'aidait volontiers, car il aimait la bonne chère. A ce régime, les fonds du Marquis furent vite épuisés, et il se trouva réduit à prendre tout l'argent de ses gentilshommes. Ceux-ci jugèrent le procédé un peu vif ; ils se plaignirent hautement

Très en colère, ils accusèrent Roussel et lui « dirent quelques injures mêlées de quelques » coups de poing ». L'ancien professeur résolut de se venger. Il intrigua auprès de l'ambassadeur moscovite, tant et si bien que celui-ci fut complètement circonvenu à l'égard de Talleyrand.

Le diplomate russe était parent du Tsar, et avait beaucoup de crédit à la Cour de Moscou. On a dit aussi que Roussel avait accès auprès du Patriarche Philarète, Père de Michel Romanof. Ce sont là des choses difficiles à vérifier ; toujours est-il que le malheureux Talleyrand fut arrêté et envoyé en Sibérie.

Talleyrand était un homme lettré. Il avait dans ses bagages quelques livres, des classiques, un Virgile entre autres. Pour charmer sa détention, il apprit par cœur les quatre premiers chants de l'Énéide.

Toujours narquois, des Réaux ajoute : « Il les » pouvait bien apprendre tous douze, ce me » semble. ». Il paraît que le régime de la Sibérie n'était pas aussi dur qu'on voulait bien le dire. Les prisonniers y avaient, en tous cas, des loisirs.

Talleyrand était alors un homme de 36 ans et « de très belle humeur », nous affirme Oléarius. Il était ingénieux, à coup sûr, car il trouva moyen de faire parvenir un message à sa famille, pour la prévenir de sa détention. Celle-ci fit des démarches pressantes à la cour de France.

Louis XIII écrivit au tsar Michel, le 3 mars 1635 :

« Nous avons appris par les parens du sieur
» de Taillerans, marquis d'Exideuil, notre sujet,
» qu'icelui Marquis étant arrivé à Moscou au
» mois de mai 1630 de la part du défunt prince
» Bethlemgabor pour traiter quelque union
» entre votre magnipotence et ledit prince,
» ledit Marquis auroit été accusé par un nommé
» Roussel qu'il se servoit du prétexte d'ambas-
» sadeur pour entrer dans les pays de votre
» magnipotence, à dessein seulement de recon-
» naître vos ports, passages et forces, pour

» après en avertir le Roi de Pologne, et qu'en
» conséquence de cette accusation à laquelle
» ledit Roussel se porta pour se venger de la
» haine qu'il s'engendra entre eux deux, ledit
» marquis aurait été envoyé en une de vos
» villes où il est encore gardé, nonobstant que
» dans les papiers qui furent visités il ne se
» soit rien trouvé pour le convaincre du fait
» susdit. »

En conséquence Louis XIII demande au Tsar que Talleyrand soit mis en liberté.

Le Roi confia sa lettre à la famille de Talleyrand qui la fit parvenir à la cour de Moscou « par un gentilhomme bien instruit des particularités de cette affaire ».

Le Tsar Michel n'eut pas de peine à faire droit à cette requête, car à la mort du patriarche Philarète survenue dans ce temps, on découvrit tous les artifices de Roussel.

Talleyrand put quitter la Sibérie en 1637,

avec son Virgile. Il revint en France (1) où il se maria, la même année, avec Charlotte de Pompadour. Il en eut trois fils : Adrien Blaise qui fut le mari de la princesse des Ursins, Pierre et Jean.

C'est ce dernier qui assura la descendance de la lignée des Talleyrand.

Quant à Roussel, après avoir rempli quelques vagues emplois dans différentes cours étrangères, il mourut de la peste à Constantinople.

Talleyrand ne fut donc jamais ambassadeur de Louis XIII auprès du Tsar. Son rôle fut plus modeste, il consista simplement à apprendre, pendant trois ans, du latin dans une forteresse de la Sibérie.

A cette époque, les relations entre la France et la Russie s'étaient bornées à l'ambassade du

---

(1) Talleyrand rencontra Oléarius en revenant de Sibérie, et c'est alors qu'il lui fit le récit de ses aventures.

capitaine Bertrand Bonnefoy. Celui-ci avait été chargé en 1630 par le roi de France d'aller négocier en Moscovie l'achat de céréales.

L'Italie et quelques provinces souffraient de la disette ; il fallait assurer la subsistance des armées de l'autre côté des Alpes. Bonnefoy, muni d'une lettre de Louis XIII datée de Saint-Germain-en-Laye du 6 décembre 1630, se rendit à Moscou, mais ne put rien obtenir du Tsar.

Michel Romanof avait pris des engagements de fournitures avec l'Angleterre, la Suède et la Hollande ; cependant il promit à l'Envoyé français de satisfaire à sa demande l'année suivante. En 1631, Bonnefoy revint avec une nouvelle lettre de Louis XIII, et obtint les fournitures qu'il demandait.

« C'est ainsi, dit M. Rambaud, que les
» armées mises sur pied par Richelieu, furent
» peut-être nourries de grains de la Moscovie.

» La Russie apparaît dès lors comme un des
» greniers du monde. » (1).

(1) *Recueil des Instructions données aux Ambassadeurs et Ministres de France.* — Russie.

V

Louis XIV et Alexis Mikaïlovitch. — Parallèle entre les deux souverains. — La civilisation occidentale à la cour de Moscou. — Premiers rapports entre Louis XIV et Alexis. — Potemkine à Madrid. — Formalisme moscovite et étiquette espagnole. — L'ambassadeur russe à Bayonne et à Bordeaux. — En route pour Paris.

A deux ans d'intervalle seulement, Louis XIV et Alexis Mikaïlovitch étaient montés sur le trône. La France et la Russie avaient, dans le même temps, des souverains qui devaient imprimer à leur règne une indéniable grandeur.

Le Tsar Alexis était d'un caractère doux et pieux. Il se levait chaque nuit pour prier, et jamais on ne le vit s'adonner sérieusement à la colère, défaut qui se trouve parfois dans les âmes vigoureuses du Nord. Il fut surnommé *le Paisible*. Aux qualités de cœur, le second des Romanof joignait celles de l'esprit. Il avait l'intelligence vive et facile, et possédait à un très haut degré le sentiment de la grandeur.

Comme le souverain qui régnait à Versailles, Alexis aimait les fastes de la cour. Un Anglais, Carlisle (1), disait : « La cour du souverain » de Moscou est magnifique... Les sujets éblouis » de sa splendeur, s'en accoutument à vénérer le » Tsar et à l'honorer presque à l'égal de Dieu. »

C'est qu'Alexis Romanof aima son peuple et en fut chéri. Pendant les trente et une années de son règne, il travailla constamment au bonheur des Moscovites et à leur gloire inté-

---

(1) Carlisle fut ambassadeur du Roi d'Angleterre en Moscovie au milieu du XVIII\ :sup:`e` siècle.

rieure, ce dont une nation est généralement plus reconnaissante à son souverain que de la gloire extérieure qu'il acquiert par ses faits d'armes.

Vêtu richement, comme un pontife qui officie dans les grandes solennités, Alexis nous apparaît avec la figure hiératique d'un empereur byzantin.

La salle du trône était une vaste pièce dont le centre était occupé par une large colonne. Tout autour de la pièce, des bancs recouverts de tapis s'étageaient sur quatre degrés. Aux murailles, pendaient d'anciennes peintures, et entre les fenêtres, des plaques d'argent ciselé étaient scellées. Le trône du Tsar, en vermeil, s'élevait sur trois marches entre deux ouvertures. Au-dessus, une image de la Vierge descendait sur la tête du souverain. Une horloge en forme de tour bouchait une des fenêtres ; vis-à-vis, il y avait une pyramide d'argent qui soutenait un globe d'or. Plus haut, les saintes icônes resplendissaient dans leurs enluminures de couleurs vives. Toutes ces choses étaient noyées d'une demi-obscurité qui ajoutait encore à leur majesté. Et le Tsar se tenait assis entouré de Boïars, coiffé d'une sorte de tiare bordée de zibelines, et sur laquelle était posée une couronne d'or enrichie de pierres fines et surmontée d'une croix. Le souverain portait le sceptre dans sa main droite.

C'est ainsi que le Tsar Alexis Romanof recevait les ambassadeurs étrangers. La pompe qu'il déployait égalait celle de Versailles.

Si Louis XIV a eu le don de savoir s'entourer d'hommes éminents qui ont jeté un éclat particulier sur son règne et son siècle, Alexis Romanof a, par son intelligente initiative, fait progresser les lettres et les arts à Moscou. Là-bas, il y avait peut-être plus de mérite à pousser le pays dans la voie intellectuelle.

En France, nous voyons, au XVIIe siècle,

s'affirmer la langue et se développer le sens du beau. Pendant que chez nous le théâtre prend une forme définitive, à Moscou, le goût des spectacles pénètre à la cour et jusque dans les masses. Le Tsar Alexis, que des scrupules de conscience avaient d'abord retenu, se montra bientôt à la comédie. Il avait été rassuré par son confesseur.

Ces premiers essais d'art dramatique étaient nés en Moscovie, à la suite de l'ambassade qu'Alexis Romanof envoya au Grand-Duc de Toscane, Ferdinand II.

L'envoyé, le Boïar Likhatchef, avait assisté dans Florence à plusieurs représentations théâtrales. Les Florentins étaient habiles en l'art de la mise en scène ; leurs décorations, leurs machines émerveillèrent l'ambassadeur moscovite. Il revint à Moscou, rapportant des impressions si vives, que ses compatriotes voulurent, d'après ses descriptions, connaître cet art.

Les premières pièces représentées à Moscou furent faites sur des sujets bibliques ou des légendes pieuses.

Une *Esther* fut jouée devant le Tsar, dix-sept ans avant celle que composa Racine pour les demoiselles de Saint-Cyr.

Dans ces drames, il y avait des rôles bouffons, et M. Rambaud à ce sujet nous rapporte ce détail : « Dans *Holopherne*, quand Judith a
» décapité le *voievode* assyrien, la servante
» s'écrie : — Voilà un pauvre homme qui sera
» bien étonné, en s'éveillant, de voir qu'on lui
» a emporté sa tête ! » (1)

Aux comédies tirées de l'Ecriture-Sainte succédèrent des pièces dont le sujet était profane.

Le mouvement s'accentua ; on joua des ballets. Un d'eux s'intitulait *Orphée*.

A côté de l'art dramatique, l'éloquence reli-

---

(1) Histoire de Russie.

gieuse, la poésie badine et l'histoire étaient cultivées à Moscou.

Siméon Polotski, le précepteur des enfants du Tsar, écrivit des sermons, des vers légers et des drames. Il rédigea un ouvrage de polémique, *le Bâton de gouvernement.*

Il citait cet exemple emprunté à notre histoire :
« Il y avait un roi de France qu'on appelait
» François Ier ; comme il aimait les belles-lettres
» et la science — tandis que ses ancêtres ne les
» aimaient pas et vivaient dans l'ignorance
» comme des barbares — on vit aussitôt les fils
» de familles illustres chercher à s'instruire pour
» complaire au monarque. C'est ainsi que la
» science s'est répandue dans ce pays ; car la
» coutume des sujets est d'imiter le prince ; tous
» aiment ce qu'il aime ; heureux le royaume
» dont le roi donne le bon exemple pour l'amen-
» dement de tous ! »

L'apologie de la Renaissance en France était

curieuse à citer chez un écrivain vivant dans l'entourage du Tsar. Il y a même, dans ces quelques lignes, une liberté de parole et un enseignement, qui dénotait chez le souverain qui les permettait, un esprit large et éclairé.

D'ailleurs, les écrivains russes de l'époque, comme Polotski, Gregori Kotochikine, poussaient à l'implantation en Moscovie des idées occidentales.

Ces idées trouvaient un écho jusqu'à la cour. Le Tsar Alexis avait épousé en secondes noces Natalie Narychkine, qui avait pour tantes deux Ecossaises de la famille Hamilton. Elle avait été élevée par elles à la façon occidentale. Quand Natalie devint Tsarine, elle n'oublia pas les principes de son éducation, et son influence transforma peu à peu les habitudes, la manière de vivre, et jusqu'à l'ameublement de la cour.

Imbue d'idées pareilles, la Moscovie devait,

sous le règne d'Alexis, entrer en communication plus intime avec les puissances occidentales.

D'abord, les premiers rapports du Tsar Alexis avec Louis XIV furent de peu d'importance.

En 1653, le Tsar avait envoyé en France le Prince Constantin Matchekine et le *diak* André Karpovitch Bogdanof, afin d'obtenir la médiation de Louis XIV entre la Moscovie et la Pologne. Le roi écouta les griefs du Tsar contre son ennemi, et promit son concours pour faire cesser le conflit. L'ambassade moscovite qui produisit à Paris un certain mouvement de curiosité, fut présentée à Anne d'Autriche.

En 1657-1658, nous trouvons à Moscou un envoyé de Louis XIV, Desminières, qui d'après nos historiens aurait « collaboré aux négociations » pour la trêve de Valiessar ».

Ces échanges d'ambassadeurs devaient être le prélude de l'importante mission, en 1667-1668, en Espagne et en France, de Pierre Ivanovitch

Potemkine qui a laissé un si curieux récit de son voyage en occident.

Potemkine avait été fort bien choisi par le Tsar Alexis pour remplir avec dignité sa mission auprès de Louis XIV. Il descendait d'une très ancienne famille dont plusieurs membres s'étaient distingués au service des prédécesseurs d'Alexis.

Lui-même avant de devenir diplomate, était général. En 1655 il avait eu une part brillante dans la prise de Lublin. Très intelligent, actif, de haute stature, il fit une profonde impression à Versailles.

Il ne sera pas sans intérêt de suivre Potemkine pendant son séjour en France, de recueillir ses sensations, et d'assister aux réceptions, dîners et comédies que Louis XIV donna en son honneur.

Pierre Ivanovitch Potemkine accompagné de son *diak*, Siméon Roumïantsoff, partit de Moscou le 7 juillet 1667.

Les ambassadeurs portaient les lettres-missives du Tsar Alexis au Roi d'Espagne Philippe IV, ainsi qu'à Louis XIV.

Philippe IV était mort depuis deux ans déjà lorsque le Tsar de Moscovie songea à lui envoyer une ambassade. Mais à Moscou on n'avait aucun rapport avec l'Espagne ; il n'est donc pas surprenant qu'on y ait ignoré la mort de Sa Majesté catholique. C'est pourquoi Potemkine dut remplir auprès de Charles II la mission dont on l'avait chargé pour Philippe IV.

Après avoir quitté Moscou, les ambassadeurs moscovites se dirigèrent sur Arkhangel où ils arrivèrent le 25 juillet. Ils attendirent jusqu'au 1er octobre pour s'embarquer. Ils prirent passage à bord d'un navire anglais, chargé de caviar, à destination de l'Italie. Le 4 décembre seulement, le bâtiment jeta l'ancre dans le port de Cadix. Les ambassadeurs débarquèrent et furent reçus avec de grands honneurs. Les navires de guerre, que Potemkine appelle les *vaisseaux dangereux*, saluèrent de salves nourries l'arrivée des Envoyés du Tsar.

Le 27 février 1668, ils faisaient leur entrée à Madrid, en grande pompe. Ils avaient mis plus de sept mois à accomplir cette première partie de leur voyage.

Il y eut bien des heurts, et de terribles froissements, entre le formalisme moscovite et l'étiquette espagnole. Mais l'ambassade de Potemkine auprès de Charles II, un enfant de sept ans, se poursuivit sans encombre.

C'était la première fois que les ministres du Roi catholique recevaient des ambassadeurs moscovites. S'ils avaient cru trouver dans ces personnages du Nord des natures frustes, ils se trompaient étrangement.

Les Espagnols n'eurent pas besoin de longues conversations avec Potemkine, pour s'apercevoir qu'ils avaient devant eux un fin.

diplomate, un homme à l'esprit cultivé et à l'intelligence vive. Les Russes ont toujours possédé à un très haut degré le don de l'assimilation.

Potemkine ne visitait pas l'Occident en voyageur pour qui toutes choses sont inconnues. Il sut parfaitement tenir son rang avec les ministres de Charles II, ou plutôt avec ceux de Marie-Anne d'Autriche, veuve de Philippe IV et Régente d'Espagne.

L'ambassadeur du Tsar était, au surplus, un homme aux mœurs douces et qui, contrairement à l'opinion qu'on se faisait alors des Russes en Europe, connaissait les principes d'humanité. Il en donna la preuve.

Un soir, pendant son séjour à Madrid, un voleur déroba à Potemkine un saphir qui ornait une de ses icônes ainsi qu'une coupe en jaspe, trois assiettes et une timbale d'argent. Le lendemain, on arrêta le voleur qui restitua les objets. La reine fit exprimer à l'ambassadeur les regrets qu'elle éprouvait de l'aventure, en lui faisant dire aussi que l'homme allait être condamné au dernier supplice. Potemkine fut très touché des bontés de la Régente à son égard, mais, il intercéda vivement pour la grâce du malheureux. Sur ses prières, le voleur eut la vie sauve : on se contenta de l'envoyer pour un temps aux galères.

Sa mission en Espagne accomplie, Potemkine songea à gagner la France où l'appelait la seconde partie des instructions de son maître. A ce sujet l'ambassadeur donna une petite leçon de diplomatie à un gentilhomme espagnol, Francisco de Lira, que le Roi avait attaché à sa personne, comme commissaire, pendant son séjour à Madrid.

En arrivant à la Cour de Sa Majesté Catholique, Potemkine qui n'ignorait pas que la première qualité d'un diplomate est de savoir se taire, n'avait pas dit qu'il devait également se rendre auprès de Louis XIV. Il n'avoua ce détail qu'au moment de partir, lorsque tout fut réglé, et qu'il eut en poche le message du Roi d'Espagne au Tsar, dûment rédigé selon le protocole russe.

« Je ne puis, Messieurs les ambassadeurs,
» dit Don Francisco de Lira, vous dissimuler
» ma surprise, de ce que vous nous avez laissé
» ignorer jusqu'à ce jour de pareils projets de
» voyage. Voilà déjà longtemps que vous
« habitez Madrid, et jamais vous n'avez dit un
» mot à qui que ce soit des instructions qui
» vous appellent aujourd'hui près du Roi de
» France. » Potemkine répliqua : « Si nous
» avons gardé le silence sur cet article, c'est
» qu'il n'eut pas été convenable de le toucher
» aussi longtemps que notre mission près du
» Roi, votre maître, n'était pas entièrement

» remplie. Elle l'est désormais, et c'est pourquoi
» nous vous faisons cette ouverture en temps
» opportun. » Il est fort probable que le
gentilhomme espagnol n'eut rien à répondre à
cet argument si nettement articulé.

Ces quelques détails sur le séjour de Potemkine à Madrid étaient nécessaires pour faire connaître l'homme que le Tsar Alexis, le Père de Pierre-le-Grand, envoyait vers le Roi Soleil.

Avant de quitter l'Espagne, l'ambassade moscovite avait reçu de la Régente et du Roi de somptueux présents ; des agrafes en diamants et les portraits de Leurs Majestés.

Partis de la capitale le 7 juin 1668, Potemkine et ses compagnons arrivèrent le 25 à Irun, ville frontière. Après deux jours de repos, l'ambassadeur expédia son *diak* à Bayonne, pour informer le marquis de Saint-Pée de sa prochaine arrivée. Le 2 juillet, l'ambassade quitta Irun et, le soir même, elle était à Bayonne.

Les envoyés du Tsar descendirent à l'hôtellerie, Saint-Pée n'ayant pas encore reçu d'instructions à leur sujet. Le marquis était seulement lieutenant-général, commandant les troupes de la garnison ; le gouvernement de la ville appartenait au maréchal Antoine, duc de Grammont qui portait aussi le titre de Sénéchal du pays des Basques. Saint-Pée avait dû consulter Grammont qui était à Paris, avant d'accorder le logement à l'ambassade.

Potemkine avait aussi demandé que l'ambassade fut défrayée de ses frais de route jusqu'à Paris. Nous avons vu que telle était la coutume en Moscovie à l'égard des missions étrangères. Avant d'avoir la réponse de Paris, ce qui demandait un certain délai, l'Envoyé moscovite résolut de quitter Bayonne dont le séjour était très onéreux. Le retard provenant de ces diverses correspondances épouvantait Potemkine qui avait à sa suite plus de cinquante personnes. L'argent pouvait lui manquer, et, à cette époque, en faire venir de Russie était chose impraticable.

L'ambassade partit donc de Bayonne le 10 juillet se dirigeant sur Bordeaux. Le colonel Corneille et un grand nombre d'officiers de la garnison l'accompagnèrent, pour traverser l'Adour. Le 13, elle arriva à Gradignan. De là, Potemkine envoya André Sidaroff, un des personnages de sa suite, et l'interprète Yagline, vers le Marquis de St-Luc, gouverneur de Bordeaux, pour lui demander d'expédier une estafette à Paris, afin de hâter la réponse du gouvernement. Saint-Luc fit immédiatement droit à cette requête. Il dépêcha un courrier spécial et envoya deux gentilshommes du Roi saluer Potemkine de sa part.

L'Envoyé du Tsar s'était établi dans un

verger, sous une tente persane, et toute la suite campa de pareille façon.

Un sieur Mounier, capitaine aux gardes du Roi, et propriétaire à Gradignan, alla trouver Potemkine sous sa tente et lui demanda de vouloir bien accepter l'hospitalité dans sa demeure. Il ajouta : « qu'il tiendrait à singulier » honneur d'avoir pour hôtes les représentants » du puissant Tsar de Moscovie. »

Il n'y avait pas moyen de refuser une invitation faite d'une façon si courtoise. L'ambassadeur et sa suite allèrent, dès le soir même, loger sous le toit de M. Mounier.

Le bruit s'était répandu dans Bordeaux, qu'une ambassade moscovite se trouvait dans un village des environs. Aussitôt, sur la route de la ville à Gradignan, ce fut une procession de curieux. Il y avait des gens de toute qualité : les uns dans des carrosses, d'autres à pied ou en chariots. Toute cette foule était sympathique, mais elle devint si compacte que le marquis de Saint-Luc dut envoyer un piquet de dix soldats pour monter la garde à la porte de l'ambassadeur.

Potemkine fut très touché de cette attention, et fit exprimer toute sa gratitude au gouverneur. Il devait trouver que l'accueil des Français était plus cordial et moins hautain que celui des Espagnols.

Le 31 juillet, arriva à Gradignan un gentilhomme qui se nommait Catheux. Il avait été envoyé par Louis XIV vers les ambassadeurs du Tsar, pour les complimenter et organiser leur voyage jusqu'à Paris.

Dès le lendemain, on expédia de Bordeaux sept carrosses parmi lesquels figurait celui de Saint-Luc qu'il mettait spécialement à la disposition de Potemkine et de son fils.

En arrivant à Bordeaux, l'ambassade moscovite reçut un très chaleureux accueil. Dans la cour de l'hôtellerie où Potemkine était descendu, les trompettes de l'infanterie royale sonnèrent en son honneur, des fanfares avec accompagnement de tambour. Puis l'Envoyé reçut la visite et les compliments des échevins de la ville. Dans la soirée, il y eut table ouverte chez lui.

Le service était fait dans de la vaisselle d'argent par des maîtres-d'hôtel et des valets de pied royaux. Au surplus, les offices du commun du Roi avaient envoyé de Paris des cuisiniers et des pâtissiers, pour se tenir aux ordres de l'ambassadeur pendant tout son voyage.

Le 13 août, Potemkine et sa suite quittèrent Bordeaux en grande pompe, précédés d'une escouade d'hommes d'armes, commandée par un capitaine. Les échevins les accompagnèrent jusqu'à l'endroit où ils devaient traverser le fleuve pour gagner Blaye.

Tout le long du chemin, les ambassadeurs rencontrèrent une vive et profonde sympathie. On leur rendit, jusqu'aux portes de Paris, des honneurs dont ils furent touchés.

VI.

Suite du Voyage de Potemkine. — Le dominicain d'Amboise. — L'Ambassade au Bourg-la-Reine. — Son séjour à Paris. — Audience solennelle de Louis XIV à St-Germain-en-Laye. — Deuxième audience de Louis XIV. — Conférence des Envoyés moscovites avec les Conseillers du Roi.

Tandis que l'Ambassade moscovite cheminait en pompeux équipage, comblée d'honneurs et de prévenances, sur la route de Bordeaux à Paris, survint un touchant incident.

C'était le 22 août, à Amboise. En venant lui souhaiter la bienvenue, les échevins dirent à Potemkine que, dans la ville, se trouvait un dominicain qui parlait le russe. L'Ambassadeur

demanda à le voir. Le religieux se présenta le jour même chez l'envoyé du Tsar, et aussitôt en présence, l'un et l'autre, ils se reconnurent. « Je me
» trouvais à Lublin, dit le moine, à l'époque où
» l'armée que tu commandais prit cette ville
» d'assaut. Depuis lors, j'ai parcouru un grand
» nombre de contrées, et je suis actuellement
» fixé en France, où je consacre mes loisirs à
» l'étude. »

Il paraîtrait que le dominicain, non seulement assistait à l'entrée victorieuse de Potemkine à Lublin, mais que le général lui aurait sauvé la vie. L'ambassadeur avec modestie, omet ce détail dans son récit. Il nous est rapporté par Saintot dans une relation qu'il a laissée du séjour de Potemkine en France. Mais il place l'incident à Blois.

Jusqu'en 1668, Saintot était Introducteur des Ambassadeurs, poste où il avait succédé à son père. Il fut remplacé par Berlise, peu de temps avant l'arrivée de l'Ambassade moscovite à Paris.

Pour témoigner plus complètement la reconnaissance qu'il avait envers Potemkine, le dominicain lui offrit ses services, qui furent acceptés. Il partit à la suite de l'Ambassade. Elle comptait un interprète de plus.

Le 28 août, la mission atteignit Bourg-la-Reine, aux portes de Paris. Berlise rejoignit le même jour les ambassadeurs, pour les recevoir, au nom du Roi.

Le 23, on vit arriver un brillant cortège composé de huit voitures, parmi lesquelles on distinguait un carrosse du Roi et un de la Reine. C'était le Marquis de Bellefonds, précédemment Ambassadeur à Madrid et à Londres et depuis peu élevé à la dignité de Maréchal de France. Louis XIV lui avait donné mission de venir au Bourg-la-Reine chercher les Envoyés du Tsar et les amener à Paris. Après avoir échangé les politesses d'usage, et accompli les formalités qu'exigeait le protocole, de tout temps fort despote, les Ambassadeurs moscovites et le Maréchal de Bellefonds se mirent en route vers la capitale. Potemkine s'assit, à droite, dans le carrose du Roi ; le Maréchal prit la gauche.

Après avoir franchi l'enceinte de Paris, le cortège se dirigea vers la rue de Tournon. C'était là que se trouvait l'*Hôtel des Ambassadeurs extraordinaires* où le logement de Potemkine et de sa suite avait été préparé.

Cet hôtel avait jadis appartenu à Concini, le fameux maréchal d'Ancre, tué au Louvre le 24 avril 1617. Mis au pillage ce même jour, il fut ensuite restauré, et devint en 1629 pendant un temps, la demeure de Louis XIII désireux de n'être pas trop éloigné du Luxembourg où habitait sa mère, Marie de Médicis.

Bellefonds, après avoir pris congé des Ambassadeurs, se rendit à Saint-Germain pour informer le Roi de leur arrivée, et prendre les dispositions nécessaires en vue de l'audience solennelle que Louis XIV se proposait de leur accorder.

L'entrevue des Envoyés du Tsar avec le roi, fut fixée au 4 septembre à Saint-Germain-en-Laye. Les travaux d'agrandissement des Tuileries ne permettaient pas à la Cour de tenir réception à Paris.

Le matin, dès huit heures, le maréchal de Bellefonds et Berlise, se rendirent chez Pierre Potemkine.

Le cortège des ambassadeurs se forma aussitôt, de la même façon qu'au Bourg-la-Reine, pour l'entrée à Paris.

« En arrivant à Saint-Germain ils trouvèrent,
» nous dit Saintot, les Gardes-Françaises et les
» Suisses en haie sous les armes, tambours
» appellans, depuis le jeu de paume jusques

» dans la cour des cuisines, où ils descendirent
» dans l'appartement du Comte de Lude, pre-
» mier gentilhomme de la Chambre et gouver-
» neur de Saint-Germain, pour se préparer à
» leur audience. »

Potemkine revêtit alors ses habits de cérémonie.

Une gravure placée en tête de l'ouvrage du Prince Emmanuel Galitzin, *La Russie du XVIIe siècle dans ses rapports avec l'Europe occidentale*, nous représente Potemkine vêtu comme un souverain asiatique.

Il portait une longue robe brodée, retenue par une large ceinture. Une pelisse de brocart, avec un col de zibeline, et bordée de même fourrure, recouvrait ses épaules et descendait jusqu'aux pieds. Un bonnet à la persane surmonté d'une aigrette, était posé sur sa tête.

Quand Potemkine fut prêt à paraître devant le Roi, il remonta avec sa suite dans les carrosses.

Sur la place, devant le Palais, trois mille hommes de troupes étaient échelonnés pour rendre les honneurs. Drapeaux déployés, tambours battant aux champs, trompettes sonnant des fanfares ; rien ne manquait pour donner à la réception des Envoyés moscovites toute la pompe possible. Potemkine et sa suite gravirent le grand escalier, dont les Cent-Suisses de la Garde du Roi occupaient les degrés, formant ainsi la haie.

Devant l'Ambassadeur, marchait un gentilhomme suivi de quinze valets moscovites portant les présents que Potemkine, son fils, et le *diak* de la mission, offraient au Roi de France.

Ces présents étaient : « un sabre en acier de » Damas, garni de vermeil avec incrustations » de jaspe et de turquoises », deux pièces d'étoffes de brocart, de nombreuses peaux de martre zibeline et de renard noir, des fourrures d'hermine, des pelisses, des manchons, des gants, et enfin un riche poignard dans sa gaîne.

En descendant de carrose, l'Ambassadeur du Tsar fut reçu par deux dignitaires de la couronne. Dans la salle des Gardes « le Marquis de » Genres, capitaine des Gardes du Corps, alors » en quartier » attendait Potemkine pour l'introduire dans la chambre du Roy où devait avoir lieu l'audience.

Louis XIV était assis sur une sorte de trône, le chapeau sur sa tête. A sa droite se tenait le Dauphin, alors âgé de sept ans, à sa gauche se trouvait Monsieur, Duc d'Orléans.

Les Ambassadeurs entrèrent, tête découverte, en faisant une profonde révérence. Le roi se leva et se découvrit, puis il se rassit et remit son chapeau. La reine et plusieurs dames de la cour assistaient incognito à l'audience. Potemkine ne se douta pas de la présence de Marie-Thérèse.

Il y eut un moment de silence ; le Roi se leva et écouta, la tête découverte, les compliments que le Tsar lui adressait.

Toujours debout, Louis XIV répondit :
« Comment se porte notre affectionné frère,
» Sa Majesté le Tsar et Grand-Prince Alexis
» Mikhailovitch ? ».

Potemkine répondit aussitôt :

« A l'époque de notre départ, le Tsar, notre
» maître, continuait à régner en parfaite santé
» sur les vastes et riches royaumes soumis à
» son sceptre. »

L'Ambassadeur se rapprocha alors du trône ; le diak s'avança avec lui. Il portait, dans sa main droite, un petit rouleau de taffetas cramoisi contenant la lettre du Tsar à Louis XIV. Potemkine prit le rouleau et le tendit au Roi ; celui-ci le reçut après s'être déganté.

Pendant tout le reste de l'audience, le Roi conserva la lettre du Tsar en main. Puis la remise des présents eut lieu. Louis XIV les examina longuement et daigna les accepter avec une bonne grâce toute particulière.

L'audience se termina bientôt. Les Ambassadeurs quittèrent la chambre du Roi avec le même cérémonial qu'à l'entrée.

Un repas splendide avait été préparé pour les ambassadeurs, par l'ordre du Roi, dans les appartements du comte de Lude. Le maréchal de Bellefonds y assista, ainsi que toute la suite de Potemkine.

On porta d'abord les santés du Tsar, de la Tsarine et du Tsarevitch. Tous les convives étaient debout, et Potemkine but au Roi de France, à la Reine, et au Dauphin.

Au sortir de table, les carrosses ramenèrent à Paris les ambassadeurs enchantés de leur première entrevue avec Louis XIV.

Berlise, se rendit le lendemain de l'audience chez Pierre Potemkine pour prendre, de la part du Roi, des nouvelles de sa santé. Cette démarche était flatteuse, et témoignait de l'impression favorable que les Envoyés d'Alexis

Romanof avaient faite sur le Roi de France. Potemkine en fut profondément touché.

L'ambassadeur moscovite s'informa si Sa Majesté avait déjà fait traduire la lettre du Tsar. Berlise dut avouer que non ; car il n'était pas aisé de trouver un traducteur. Potemkine leva aussitôt la difficulté. Avant de quitter Moscou, il avait eu soin de se munir d'une traduction en langue latine de la missive de son Maître. Il la remit à Berlise, qui la porta immédiatement à Saint-Germain.

Le soir même, l'Introducteur des Ambassadeurs revenait rue de Tournon. « Sa Majesté,
» dit-il, a pris connaissance du contenu de la
» version en langue latine de la lettre du Tsar,
» dont les expressions à la fois fraternelles et
» amicales l'ont charmé, et je suis chargé de
» vous exprimer toute la satisfaction du Roi
» pour cette communication. »

Quelques jours après, le 7 septembre, les

ambassadeurs quittèrent Paris à sept heures du matin, pour se rendre à Saint-Germain, mandés par le Roi.

Pour cette seconde audience, toute particulière, on déploya le même cérémonial que pour la première. Mais il ne s'agissait plus de la simple remise de la missive du Tsar entourée d'échanges de politesses dictées par le protocole ; on allait parler d'affaires.

Louis XIV, d'abord, s'enquit auprès des ambassadeurs moscovites, si « on avait mis à leur
» disposition tout ce qui pouvait leur rendre le
» séjour de Paris agréable. » Potemkine répondit que, grâce aux bontés de Sa Majesté, leur bien-être dans la capitale était assuré de la façon la plus complète. Le Roi reprit alors : « Par notre
» ordre, messieurs, quelques-uns des conseillers
» intimes de notre couronne, réunis dans l'enceinte
» de ce palais, vont entrer en conférences
» avec vous, touchant les questions réservées

» dont il n'est point fait mention dans la missive
» amicale de notre bien-aimé frère le Tsar. »

Les ambassadeurs moscovites quittèrent alors la Chambre du Roi, et on les conduisit dans la salle du conseil, qui se trouvait dans les appartements du maréchal de Villeroi.

Les conseillers choisis par Louis XIV pour discuter avec les Envoyés du Tsar étaient : le maréchal de Villeroi, Lionne, secrétaire d'État aux Affaires Étrangères, et Colbert. Dans sa relation, Potemkine donne cette description de la pièce où la conférence devait avoir lieu : « Arrivés dans la salle des conférences — salle
» dont les murailles sont ornées de tapisseries
» de haute lisse — les ambassadeurs prirent
» place à la droite des conseillers royaux, dans
» des fauteuils rangés autour d'une table recou-
» verte d'un drap. »

On peut voir par les noms des Conseillers désignés par le Roi, que celui-ci attachait une importance réelle aux négociations qui allaient s'entamer avec les ambassadeurs moscovites.

Hugues de Lionne était un des plus fins diplomates de l'époque. Les ambassades qu'il avait remplies en Allemagne, à Parme, à Rome et à Madrid, lui avaient donné une profonde connaissance des hommes et des choses des différentes Cours européennes. Il possédait, à un haut degré, le charme qui attire et la séduction qui retient. Lionne eut toujours des succès, comme homme et comme diplomate. Mazarin l'avait deviné.

L'entretien devait porter, nous l'avons vu, sur des questions réservées dont il n'était pas fait mention dans la lettre du Tsar, selon les expressions de Louis XIV.

La missive d'Alexis Romanof était surtout une lettre de créance strictement rédigée en de vagues formules de politesses. C'est ce qui faisait dire aux gazettes de l'époque, la *Gazette de France* entre autres, que les missions de Potemkine en Espagne et en France n'avaient d'autre but que de nouer des relations commerciales entre ces deux pays et la Moscovie.

Toute autre, cependant, avait été la pensée du Tsar Alexis, en envoyant des ambassadeurs en Occident. Le prince Emmanuel Galitzin nous le dit dans son ouvrage :

« L'objet réel des différentes ambassades
» envoyées par le Tsar Alexis aux souverains de
» l'Europe, était de concourir à réaliser le vaste
» plan de réformes qu'il avait conçues, en met-
» tant son empire en relations avec le reste du
» monde. » Puis il ajoute cette réflexion qui nous donne un aperçu curieux de la diplomatie moscovite :

« Si ses envoyés (du Tsar) n'étaient pas por-
» teurs d'instructions plus formelles, c'est que,
» d'après les usages diplomatiques de la cour de
» Moscou, le prince auquel le Tsar envoyait des

» ambassadeurs pour lui faire des propositions,
» devait, dans le cas où ces ouvertures lui agrée-
» raient, envoyer à son tour des ambassadeurs
» au Tsar, avec ordre d'ouvrir des négociations
» en règle pour la conclusion d'un traité. »

Potemkine commença d'abord par déclarer aux conseillers royaux que son Maître désirait « entretenir avec Sa Majesté le Roi de France » et de Navarre, des rapports de bonne alliance » et d'amitié fraternelle, pareils à ceux qui le » lient aux autres souverains de la chrétienté ». Il demandait donc, conformément aux usages établis à Moscou, que le Roi de France envoyât sans retard des ambassadeurs auprès du Tsar, pour lui soumettre des propositions fermes. Les conseillers s'enquirent auprès de l'Envoyé moscovite s'il était porteur de quelque document diplomatique permettant de constater que le Tsar désirât recevoir des ambassadeurs français.

Potemkine remit un sauf-conduit, régulièrement signé par le Tsar, et destiné aux Envoyés que Louis XIV désignerait pour se rendre à Moscou. Mais ce n'était pas tout. Les conseillers demandèrent quelles facilités seraient accordées aux négociants français qui iraient trafiquer en Moscovie. Ils ajoutèrent : « Veuillez donc nous
» éclairer sur cet objet, et nous communiquer
» le projet du règlement commercial dont vous
» pourriez être porteurs. »

Potemkine fut vivement froissé de cette demande. Il déclara qu'il n'avait aucune pièce à produire, que sa mission se bornait à traiter ces questions verbalement. Dans sa pensée, d'ailleurs, « il n'était pas à dire qu'il fût nécessaire
» d'appuyer chaque proposition diplomatique
» d'un acte destiné à le rendre valable ». Les conseillers du Roi répliquèrent : « A Dieu ne
» plaise, Messieurs les ambassadeurs, que nous
» refusions d'ajouter foi pleine et entière à vos

» paroles. Nous regretterions d'autant plus de
» vous causer en cet instant un déplaisir quel-
» conque, que nous considérons l'alliance que
» vous venez proposer comme devant être
» féconde en résultats heureux. Si donc il a été
» question de notre part de témoignages écrits,
» ça été uniquement dans le but de mieux pré-
» ciser la nature des arrangements à intervenir,
» et d'en faciliter la conclusion. »

Potemkine renouvela alors le souhait de voir les ambassadeurs français prendre sans retard le chemin de Moscou.

En disant qu'ils allaient soumettre cette demande au Roi, avec les détails de la conférence, les conseillers répétèrent que le désir sincère de Louis XIV était de faire avec le » Tsar une alliance intime et durable. »

La séance fut levée sur ces mots. Elle avait duré deux heures.

De même que lors de leur première visite à

Saint-Germain, un souper fut servi aux ambassadeurs moscovites. Puis, à la fin du repas, ils furent reconduits à leurs carrosses avec toutes sortes d'honneurs et d'égards. Les Conseillers du Roi les accompagnèrent jusqu'à Paris.

Hugues de Lionne était, certes, un incomparable ministre des affaires étrangères, Potemkine, nous l'avons déjà dit, était un très fin diplomate. On aurait pu s'attendre à voir la conversation entre ces deux hommes d'État prendre un tour intéressant. Si on est un peu déçu, en lisant les détails de la conférence dont nous avons relaté les grandes lignes, il ne faut pas oublier que nous assistons aux débuts des relations entre deux pays qui, jusqu'alors, n'avaient eu, en somme, que fort peu de rapports.

Lionne et Potemkine marchaient sur un terrain nouveau pour eux.

VII.

Suite de l'Ambassade de Potemkine.— Projet d'arrangement commercial. — Les négociants parisiens reçus chez Potemkine. — Promenades de l'ambassade russe. — Molière joue devant elle. — Audience de congé. — Nouvel exemple du formalisme moscovite. — Emotion de Potemkine. — Il fait présent de son bonnet au Maréchal de Bellefonds. — Départ de l'Ambassade. — Une revue à Montreuil. —

L'Ambassade de Pierre Potemkine fut, certes, la plus importante de toutes les missions jusqu'alors envoyées aux Rois de France par les Tsars de Moscovie.

L'objet même de cette mission, la pensée qui l'avait dictée, le choix de l'homme à qui elle était confiée, la façon dont elle fut reçue à

Saint-Germain, tout dénotait un sérieux effort des deux pays pour se rapprocher l'un de l'autre.

Nous allons, en effet, voir l'Envoyé du Tsar avoir non seulement rapport avec les ministres du Roi, mais encore prendre un contact direct avec les représentants du commerce de Paris.

A la suite de la conférence qui s'était tenue entre les Conseillers désignés par Louis XIV et les Ambassadeurs moscovites, un projet d'arrangement commercial fut rédigé en langue française. Le 29 août, Berlise au nom du Roi, remit ce projet entre les mains de Potemkine, en demandant à l'envoyé de le faire traduire, afin d'en prendre connaissance et d'y faire toutes les annotations qu'il jugerait convenables. Le dominicain Ourbanovsky, celui que Potemkine avait si inopinément rencontré à Amboise, et qui avait suivi l'Ambassade, fut chargé de traduire ce document en russe.

L'empressement que Louis XIV avait mis à

faire rédiger ce projet, témoignait de son désir sincère d'arriver à une entente cordiale avec le Tsar.

Le document remis à Potemkine comportait quinze articles, et réglait les différentes questions intéressant le commerce entre les deux pays. La liberté de conscience la plus absolue était accordée aux moscovites venant en France, comme aux français qui iraient en Russie.

Potemkine lut attentivement le projet, mais conformément à ses instructions, il ne put rien signer ni rien arrêter définitivement. Il se borna à assurer aux Conseillers du Roi que les Ambassadeurs français qui iraient à Moscou, recevraient du Tsar l'accueil le plus bienveillant, et qu'ils seraient mis à même de conclure un traité d'amitié fraternelle entre les deux couronnes, et d'entente commerciale.

Deux jours après que le Roi eut fait remettre

aux Ambassadeurs moscovites le projet d'arrangement préparé par son ordre, Potemkine reçut les chefs du commerce de Paris. Ils étaient au nombre de six, dirigeant chacun un corps ou une *communauté de marchands*.

Les six corps du commerce parisien étaient les corps des drapiers et chaussetiers, des épiciers, des merciers, des pelletiers, des bonnetiers et des orfèvres.

Ces négociants avaient été informés, par les Conseillers du Roi, des propositions faites par les Ambassadeurs moscovites. Ils venaient donc demander à Potemkine quelques notions sur le trafic en Russie, et la nature des denrées qui trouveraient, en son pays, un débouché facile.

L'Envoyé du Tsar commença par leur dire que les négociants français devaient envoyer leurs produits au port d'Arkhangel « pour les
» y débiter et y prendre, en retour, des mar-
» chandises du pays. »

Les chefs des communautés de marchands répliquèrent : « Si la saison était moins avancée, » nous équiperions au moment même jusqu'à » six navires chargés de marchandises, pour les » diriger vers le port que vous venez de nom- » mer. Malheureusement, il est trop tard, et » les bâtiments que nous expédierions se trou- » veraient dans la nécessité d'hiverner dans des » parages éloignés, ce qui serait très désavan- » tageux. Mais tenez pour certain que des » navires français se montreront à Arkhangel » l'année prochaine. »

Potemkine leur recommanda de ne pas introduire dans la cargaison des navires ni eau-de-vie, ni tabac, ces denrées étant sévèrement prohibées en Moscovie.

La superstition populaire attachait certains maléfices à l'usage du tabac. Pierre-le-Grand déracina plus tard ces préjugés, et autorisa par un oukhase l'introduction du tabac dans ses Etats.

Les marchands remercièrent Potemkine de cet avis, et lui dirent que parmi les produits moscovites, les fourrures d'hermine, de rat-musqué et de loutre, les cuirs, le suif et le chanvre, trouveraient en France un écoulement avantageux. Quant aux denrées d'exportation, elles consisteraient principalement en vins rouges et blancs, en tissus tels que velours, brocarts, satins et damas.

La conférence se termina sur ces différents échanges de vue.

Potemkine, depuis son arrivée à Paris, ne s'était occupé que d'affaires. Louis XIV pensa aux plaisirs de ses hôtes. Il résolut de leur faire visiter Paris et ses environs.

Cette visite commença par le château et le parc de Vincennes. Le même jour, les Ambassadeurs virent la Place-Royale, l'appartement du roi aux Tuileries, et le jardin situé devant le palais.

Potemkine fut charmé. Il visitait tout cela en homme intelligent et instruit. Il savait voir, et ses impressions furent vives. Cependant, il ne les laissait pas paraître au grand jour ; il ne les exprimait qu'avec réserve, comme s'il eut craint d'affaiblir, par trop de compliments, la majestueuse grandeur de son maître. Mais, pour ne pas paraître manquer de politesse à l'égard des Français, il disait souvent « qu'il ne voulait » parler de la France que quand il ne pourrait » plus être soupçonné de flatterie, c'est-à-dire » quand il n'y serait plus. »

Galitzin a très bien fait remarquer que Potemkine ne mettait dans ses paroles aucune ironie.

Le 3 septembre, les Ambassadeurs moscovites furent conduits aux Gobelins. Le fameux Le Brun, qui passait alors pour l'arbitre du goût en France, leur fit les honneurs de notre célèbre manufacture. La fin de la journée fut employée

à voir le Louvre et le Garde-Meuble. Dans ses notes personnelles de voyage, Potemkine détaille en quelques mots les richesses entassées au Garde-Meuble : « quantité de magnifiques lustres
» en cristal ; des vases en or, en vermeil, en
» argent, en cristal et en pierres rares ; des
» aiguières et des bassins de formes variées et de
» grands plateaux en argent massif sur lesquels il
» est d'usage de présenter des fruits au souverain.
» Ils virent, en outre, les habits du Roi ; ces
» habits, taillés suivant la mode du pays, sont
» d'un travail excellent. »

Deux jours après, Potemkine et sa suite visitèrent, à Versailles, les travaux de transformation ordonnés par Louis XVI en vue d'y transporter la Cour. On sait que le monarque, très superstitieux, désirait quitter Saint-Germain. De là, il voyait Saint-Denis !

Au retour de Versailles, les Ambassadeurs moscovites se rendirent au spectacle, où la troupe du Marais joua, en leur honneur, une pièce qui avait une grande vogue. C'était une tragi-comédie en cinq actes, en vers, intitulée *Les Coups de l'Amour et de la Fortune* ou *l'Heureux infortuné*. Cette pièce qui comportait un ballet et, comme on disait alors, des changements de théâtre, c'est-à-dire des changements à vue, avait été représentée pour la première fois à Paris en 1656. Elle avait pour auteur ce bon François Le Metel, sieur de Boisrobert, célèbre pour ces bons mots et sa manière charmante de raconter.

Boisrobert avait été un assidu de l'hôtel de Rambouillet ; il fut un des fondateurs de l'Académie française. Il composa dix-sept pièces de théâtre. Il aurait pu mourir riche, non pas par ses productions littéraires ; il avait mieux que cela : la protection de Richelieu qui lui fit obtenir force bénéfices ; mais il était joueur et perdit tout.

Les Ambassadeurs moscovites furent enchantés du spectacle ; seulement, Boisrobert n'était plus là pour jouir de son succès ; il était mort six ans auparavant.

Molière fut plus heureux ; il eut l'honneur de jouer devant Potemkine son *Amphitryon,* alors dans toute sa nouveauté. *Amphytrion* avait été joué pour la première fois au Théâtre du Palais-Royal, le 13 janvier 1668. On sait que Molière y remplissait le rôle de Sosie.

On connaît le mot de Voltaire disant que la première fois qu'il lut « *Amphitryon* », il eut un tel accès de rire, qu'en se renversant sur sa chaise, il tomba et faillit se tuer.

Potemkine n'alla pas jusque-là, mais il prit, un plaisir extrême au spectacle.

L'Ambassadeur moscovite et son fils étaient assis, selon l'usage, sur le théâtre près de la rampe. A la fin de la comédie, Molière s'avança vers Potemkine, suivi de sa troupe et de laquais portant des rafraîchissements, des fruits et des confitures. Le poëte offrit cette collation à son illustre auditeur qui daigna accepter. Potemkine but et remercia les comédiens.

L'Envoyé du Tsar Alexis savait peut-être que Louis XIV avait admis Molière à sa table !

Louis XIV se disposait à partir pour Chambord. Sur ses ordres, on restaurait le château construit sous François Ier, par le Primatrice, et le roi désirait visiter les travaux. L'absence de la cour devait durer deux mois environ.

La mission de Potemkine était remplie. Il avait noué avec la France des relations que son Maître, le Tsar, jugeait utiles à l'accomplissement de ses desseins. Les bases d'une entente amicale entre les deux pays étaient jetées. L'Ambassadeur moscovite avait eu le temps de voir à Paris tout ce qui l'intéressait. Ses conversations avec les ministres de Louis XIV et les représentants du haut commerce parisien, ses visites dans la capitale et aux environs lui permettaient d'emporter, sur les hommes et les choses de France, des idées assez exactes pour faire à Moscou un rapport détaillé.

L'Ambassadeur demanda donc que Sa Majesté, voulut bien lui accorder son audience de congé, avant le départ pour Chambord. Le Roi fit droit à cette requête, et il fixa l'audience au 23 septembre, veille du jour où il devait quitter Saint-Germain.

Louis XIV se proposait de remettre lui-même à Potemkine la lettre qu'il adressait au Tsar, mais, auparavant, il eut la délicate attention de faire donner à l'Ambassadeur moscovite une traduction de sa missive en latin.

Nous ne nous attarderons pas à faire la description du cérémonial déployé à Saint-Germain pour l'audience de congé des Envoyés du Tsar. Il ne différait guère de celui employé pour les deux premières visites que Potemkine avait faites à Louis XIV. C'était toujours au maréchal de

Bellefonds qu'incombait la charge de lui rendre les honneurs, de l'introduire auprès du Roi.

Ainsi que cela avait été convenu, Louis XIV remit lui-même aux Ambassadeurs la lettre qu'il destinait au Tsar. Puis, l'audience terminée, un repas fut servi, comme de coutume, pour Potemkine et sa suite.

En France, on ignorait toutes les particularités du formalisme moscovite. On ne savait pas que la moindre omission dans l'énumération des titres du Tsar passait à la Cour de Moscou, sinon pour une injure grave, du moins pour un manque de respect pouvant faire suspecter les bonnes dispositions des souverains qui écrivaient au Tsar.

Dans la lettre de Louis XIV, plusieurs erreurs de protocole se glissèrent. Avant de se mettre à table, Potemkine s'en aperçut. Son émotion fut extrême. Il pouvait croire que, par une sorte de dédain, qui certes n'était pas dans sa pensée, le

Roi de France repoussait les avances de son frère de Moscou.

L'Ambassadeur ne cacha pas son trouble à Bellefonds. Il lui dit en ayant presque les larmes aux yeux : « Dans ce moment si douloureux
» pour nous, où nous voyons les rapports d'a-
» mitié fraternelle qui allaient se former entre
» notre souverain et le vôtre tendre à se rompre
» pour toujours ; lorsque nous venons de recon-
» naître que le Roi, dans la lettre qu'il nous a
» remise de sa propre main, a cru pouvoir
» omettre les titres les plus éminents du Tsar ;
» dans un pareil instant, disons-nous, non seu-
» lement nous serions incapables de prendre
» part à la joie d'un festin, mais notre douleur
» est si poignante que nous avons peine à sup-
» porter la lumière du jour ; si quelque chose a
» lieu de nous surprendre, c'est de vivre encore
» après avoir assisté à l'affront qui vient d'être
» fait à notre Souverain. »

Ces paroles de Potemkine ne sont-elles pas touchantes ? Il ne faut pas, avec nos idées modernes, se hâter de les trouver excessives. Reportons-nous aux mœurs de l'époque. Le formalisme moscovite n'était certes pas plus ridicule que la morgue espagnole et l'étiquette française. Qu'on relise dans Saint-Simon la querelle des Ducs pour les questions de préséance.

L'émotion de l'Envoyé moscovite trahissait, en tous cas, le désir sincère qu'il avait de voir se former, entre son pays et le nôtre, une étroite alliance.

Bellefonds promit de faire rectifier les erreurs de rédaction dans la lettre de Louis XIV ; il engagea les Ambassadeurs à commencer leur repas, les assurant qu'ils recevraient satisfaction, avant de quitter Saint-Germain.

Ainsi fut fait. Vers la fin du souper, on rapporta la missive royale rectifiée et parfaitement en règle.

La satisfaction qu'éprouva Potemkine fut très vive. Il ne la cacha pas au maréchal et la lui témoigna de la plus cordiale façon,

Après le souper, sur l'ordre du Roi, on offrit un petit divertissement aux Ambassadeurs. On les conduisit dans le parc, et là, un nègre exécuta en leur honneur des tours de voltige et d'adresse.

Le moment du retour à Paris était arrivé. Potemkine s'adressa alors à Bellefonds et lui dit :
« Tous tes procédés, maréchal de Bellefonds,
» dénotent le désir que tu éprouves de voir des
» rapports intimes s'établir entre notre souverain
» et le vôtre ; en outre, c'est toi qui, sur l'ordre
» du Roi, est venu à notre rencontre au Bourg
» de la Reine ; c'est toi encore qui, plus tard,
» nous a conduits à l'audience de Sa Majesté ;
» enfin, c'est encore toi qui, en cet instant nous
» fais les honneurs de ce festin avec une politesse
» si parfaite. Désirant, en de telles circonstances,

» te laisser un souvenir des sentiments de haute
» estime que la parfaite raison a fait naître en
» moi, et reconnaître, intime ami, tes bons et
» loyaux procédés à notre égard, permets-moi
» de t'offrir ce présent. »

En disant ces mots, il ôta son « bonnet de
» velours façonné, bordé de martre zibeline et
» enrichi d'une aigrette en pierres précieuses
» avec coulant en perles fines » et en coiffa le
maréchal.

Bellefonds ne sut d'abord s'il devait accepter.
Potemkine s'empressa de lui dire : « Si peu digne
» de tes mérites que puisse être ce présent, du
» moins c'est de bon cœur que je te l'offre. »

Devant une si affectueuse insistance, le maréchal ne pouvait guère refuser le bonnet de l'Ambassadeur. Il le remercia et lui offrit, en souvenir, son chapeau.

Dès le lendemain du départ de la Cour pour

Chambord, Berlise se rendit chez Potemkine, pour lui remettre les présents que le Roi lui avait destinés : les portraits de la famille royale, des étoffes de prix, des tapis, des montres en or enrichies de pierres précieuses, enfin « une pen- » dule à timbre avec musique ». Les autres membres de l'Ambassade reçurent aussi des cadeaux.

Enfin le 26 septembre, l'Envoyé du Tsar et sa suite quittèrent Paris, très heureux de l'accueil qu'ils y avaient rencontré.

Pour se rendre chez eux, ils devaient d'abord aller à Calais ; s'embarquer là pour la Hollande et Riga d'où ils gagneraient Moscou par terre.

Catheux, commissaire royal, celui-là même qui était déjà venu chercher les Ambassadeurs à Gradignan, fut chargé de les accompagner jusqu'à Calais. Huit carrosses à six chevaux et trente chevaux de selle furent mis à leur disposition. On adjoignit à la suite de Potemkine des cuisiniers et des pâtissiers. Tout le long de la route les Envoyés moscovites furent traités avec les plus grands égards. Dans chaque ville où ils devaient s'arrêter, des logements somptueux avaient été préparés, et leur service fut assuré avec le plus grand luxe.

Aux environs de Montreuil, le cortège rencontra le régiment d'infanterie de Monsieur qui faisait l'exercice. Potemkine fit arrêter son carrosse et descendit. L'Ambassadeur se souvenait que lui-même avait été soldat ; ce spectacle l'intéressa. Bien des choses, à Paris, avaient frappé son imagination, mais aucune ne l'avait peut-être autant ému que ces exercices militaires auxquels il assistait, tout à coup, et sans que cela fût préparé d'avance.

Il se dirigea vers les officiers, les complimenta, et les pria de faire faire une salve à leurs soldats, après quoi le régiment défila devant lui.

Ainsi, Potemkine, le général fameux d'Alexis Romanof, avant de quitter le sol français, passa en revue un régiment de France

VIII.

Les résultats de l'Ambassade de Potemkine. — Tentatives de Colbert. — La Compagnie du Nord. — Impressions de Potemkine. — Ce que l'on disait de lui dans les Gazettes. — La mission d'André Vinius en France. — Son échec. — Seconde ambassade de Pierre Potemkine. — Les Princes Dolgorouki et Mychetski. — Pierre-le-Grand prend le pouvoir.

La lettre que Louis XIV avait remise à Potemkine pour le Tsar était datée du 19 septembre 1668. Elle ne renfermait que les formules habituelles de politesse. Toutefois le Roi de France, pour reconnaître les bonnes dispositions d'Alexis Romanof à l'égard des commerçants qui iraient trafiquer en Moscovie, assurait le Tsar que les négociants russes seraient traités en France avec la plus grande bienveillance.

« L'assurons réciproquement, disait la mis-
» sive royale, que les sujets de Votre Majesté
» qui voudront venir dans les ports de nos
» Empires et Etats avec leurs vaisseaux, pour y
» faire le trafic de leurs denrées, y seront reçus
» avec toute liberté et sûreté, et traité si favora-
» blement et pour l'exercice de leur religion et
» pour toute autre chose, qu'ils auront tout
» sujet de s'en louer, nous promettant bien le
» même de votre part ».

Jusqu'alors, l'encouragement donné par les souverains de Moscou aux tentatives de relations commerciales entre les deux pays, étaient restées sans résultats pratiques. Les difficultés de la navigation dans la mer Blanche en étaient les principales causes.

Mais Colbert voyant tout l'avantage qui pouvait résulter, pour le commerce français, de ces nouveaux débouchés, s'intéressa vivement à la question. Il installa un agent commercial à Moscou. Il choisit pour cet office un courlandais, Ivan Gossens, qui avait suivi l'Ambassade de Potemkine en qualité d'interprète.

Par un édit, donné à Saint-Germain-en-Laye, au mois de juin 1679, Colbert avait fondé la *Compagnie du Nord* pour les transactions commerciales entre la France et la Moscovie. Cette Compagnie dont le siège fut, en premier lieu, à la Rochelle, avait pour directeurs les sieurs Lagny et Pagès. Un Français résidant à Moscou nommé Frémont et intéressé dans la *Compagnie du Nord*, était chargé de fournir à Gossens tous les renseignements pouvant lui être utiles.

Colbert ne se contenta pas d'organiser cette Compagnie qui, dans sa pensée, pouvait rendre de grands services au commerce français. Après avoir mis à sa tête des hommes intelligents, rompus aux affaires, et capables de mener à

bonne fin l'entreprise, le ministre ne cessait de donner aux directeurs des conseils sages et éclairés. Le 6 février 1671, il écrivait de Paris à ces mêmes directeurs : « J'approuve fort la pro-
» position que vous me faites de n'envoyer qu'un
» vaisseau à Archangel, jusqu'à ce que le Roi
» puisse envoyer un ambassadeur au grand duc
» de Moscovie, pour lui demander les mêmes
» ou plus grandes grâces que celles qu'il a
» accordées aux autres nations. Sa Majesté
» dispose, pour cet effet, une ambassade. »
L'envoi de cette Ambassade, comme le dit M. Rambaud, « fut d'ailleurs retardé indéfini-
» ment ».

La *Compagnie du Nord* qui transporta, dans la suite, son siège à Dunkerque, ne vécut que quelques années. Elle succomba pendant la guerre de Hollande.

Mais il y avait là un effort sérieux tenté pour rapprocher les deux pays.

Jusqu'à l'Ambassade de Potemkine, lorsque des Envoyés moscovites étaient venus à Paris, ils n'avaient excité qu'un sentiment de curiosité. Leurs missions, d'ailleurs, promptement remplies ne leur avaient pas laissé le temps d'étudier nos mœurs et nos arts. Potemkine était le premier qui eut vu de près la cour, le monde, les théâtres, la rue et les monuments, et qui eut causé directement avec les représentants du commerce.

Potemkine avait soigneusement noté ses impressions.

En premier lieu, il trace un tableau succint des relations que le Roi de France entretient avec les puissances étrangères. Il parle ensuite de la population qu'il trouve « saine et vigou-
» reuse ». L'instruction littéraire, scientifique et militaire des Français lui suggère ces réflexions :
« Ses habitants ont de l'aptitude pour la culture
» des sciences philosophiques et pour l'art de la

» guerre. Chaque année, il arrive de l'étranger
» à Paris, une foule de jeunes gens, du rang le
» plus élevé jusqu'au plus humble, pour s'y
» livrer à l'étude. C'est qu'en effet, la Ville de
» Paris non seulement est riche et très peuplée,
» mais qu'elle possède un nombre considérable
» d'écoles, où plus de trente milles élèves puisent
» l'instruction. »

Il termine enfin, en constatant l'admirable fertilité de la terre française. Cette remarque est d'autant plus flatteuse que, d'après ce que nous avons vu, plus de trente ans auparavant, la Moscovie était déjà considérée comme un des greniers de l'Europe. On se rappelle que Richelieu avait envoyé une Ambassade à Moscou, afin d'obtenir des subsistances pour ses armées.

S'il est intéressant de recueillir quelques-unes des impressions de Potemkine, il est curieux de voir ce qu'on disait de lui à Paris.

La presse, chez nous, en était alors à ses débuts.

Le premier de nos journaux fut le *Mercure français* qui parut en 1605. La *Gazette de France* fut fondée en 1631, sous ce titre *Recueil des Gazettes, nouvelles ordinaires et extraordinaires*. Le célèbre Théophraste Renaudot était le créateur de cette feuille.

La *Gazette de France* s'occupa à plusieurs reprises, de l'ambassade Potemkine dans des entrefilets, peu détaillés, mais qui attestaient que l'opinion publique s'intéressait à cette mission.

Une autre gazette rédigée en vers par le poëte Loret, parut en 1650, sur feuilles volantes. Elle était dédiée à Mme de Longueville.

En 1652, la Gazette rimée de Loret fut imprimée sous le titre de *Musée historique*. A la mort de son fondateur, en 1665, la publication fut continuée par Charles Robinet.

Dans ses numéros des 8 et 20 septembre 1668, le *Musée historique* faisait le récit rimé du séjour de Potemkine à Paris.

D'abord l'arrivée de l'Ambassadeur moscovite est relatée en ces termes :

> Le maréchal de Bellefonds
> Ayant de mérite, un grand fonds
> Sans en avoir l'âme plus vaine,
> Alla les prendre au Bourg-la-Reyne,
> Avec Berlize, introducteur,
> En sa charge, ancien docteur ;
> Et dedans les royaux carrosses,
> Où jamais on ne void de rosses,
> Les amena devers le soir
> Au magnifique et grand manoir
> Où l'on reçoit tous leurs semblables.

Le chroniqueur faisait allusion à l'hôtel de la rue de Tournon.

Puis, il donnait, en quelques vers, le récit de la première audience de Saint-Germain, avec les détails des présents offerts par Potemkine à Louis XIV.

> Après leurs inclinations,
> Ou bien leurs prosternations
> L'un d'eux fit, en leur propre langue,
> Une plantureuse harangue :
> Puis on apporta leurs présens
> Dont l'un certes, des plus luisans
> Etoit un riche cimeterre
> Qui mieux que celui de St-Pierre
> Abattrait une oreille net.
> Il est bien monté tout à fait,
> Et tout couvert de pierrerie
> Sur une riche orfèvrerie.
> Le reste des présens étoyent
> Des vestes qui beaucoup valoyent,
> Avec nombre d'autres fourrures,
> Qui seront d'utiles parures
> Avant qu'il soit trois mois d'ici.

Dans ces deux numéros, tout le séjour de Potemkine était passé en revue. Les visites de l'Ambassade dans Paris, la représentation de Molière en son honneur, rien n'était oublié par le chroniqueur poète.

Les chansonniers se sont mis, de tout temps, à

l'affût de l'actualité, pour la faire entrer dans leurs couplets.

Louis XIV et ses ministres n'avaient considéré l'ambassade de Potemkine, qu'au point de vue des relations commerciales à établir entre la France et la Moscovie.

Tous les efforts de Colbert étaient dirigés vers ce but. En créant la *Compagnie du Nord*, sur le même pied que les compagnies similaires qui existaient alors, et qui régissaient le commerce français avec l'étranger, il avait nettement indiqué cette pensée. Tout autres cependant étaient les idées d'Alexis Romanof. Il désirait conclure une alliance politique avec la puissante monarchie française, en même temps qu'une entente commerciale. Nous en aurons la preuve en examinant l'objet principal des missions moscovites en France à la fin du xviie siècle.

En 1672, le Tsar Alexis envoya une nouvelle ambassade à Louis XIV. Cette mission fut confiée à André Vinius qui portait au roi de France une lettre de son maître. Cette missive, rédigée en latin, était datée du Kremlin, 22 octobre 1672, (*in arce nostrâ imperiali et metropoli Moscua*).

Le Tsar exposait à Louis XIV les difficultés que lui suscitaient les révoltes incessantes des Kosaks, et les incursions des Tartares et des Turcs en Pologne. Il y avait là pour la Moscovie un danger permanent, et l'aide de la France lui semblait désirable.

Mais Louis XIV était peu disposé à entrer dans les vues d'Alexis. Il n'accorda qu'une seule audience à Vinius. L'Ambassadeur retourna à Moscou, en emportant un présent de 500 pistoles et une lettre du Roi au Tsar. Elle portait la date du 22 mai 1673. En voici quelques passages :

« ... Nous ne pouvons autant que nous le
» souhaiterions, entrer dans le concert et dans
» les mesures que vous nous proposez. Ce que

» nous pouvons, c'est de continuer à ne rien
» oublier de ce qui peut dépendre de nous pour
» rétablir la paix dans la chrétienté... Cepen-
» dant nous ne pouvons trop exhorter Votre
» Majesté à continuer dans le généreux dessein
» qu'Elle a pris, ni trop lui témoigner à quel
» point nous souhaitons qu'il soit accompagné
» de toute sorte de gloire et de bonheur ».

L'insuccès de la mission d'André Vinius découragea Alexis. Jusqu'à la fin de son règne, il n'envoya pas de nouvelle ambassade en France.

Le Tsar Alexis mourut en 1676. Son fils Féodor lui succéda.

La rivalité traditionnelle qui existait entre la Moscovie et la Suède, au sujet de la Baltique, avait pris un caractère particulièrement aigu. Louis XIV songea à offrir sa médiation. Il envoya à Moscou le marquis de Béthune, qui était son ambassadeur auprès du roi de Pologne. Tout donne à supposer que cette mission, assez mal définie, ne produisit aucun résultat pratique. Il ne nous est resté sur cette ambassade qu'un rapport, incomplet, d'ailleurs, ayant uniquement trait à des questions d'étiquette.

M. de Béthune finit sa carrière ambassadeur en Suède. Il y mourut en 1692, un an après sa nomination à ce poste.

Poursuivant la pensée de son père qui avait espéré pouvoir amener le roi de France à s'allier avec lui contre le Turc, le Tsar Féodor se décida à envoyer un ambassadeur vers Louis XIV. Ce fut Pierre Potemkine qui fut chargé de cette mission. On lui adjoignit Etienne Valkof.

Féodor se souvenait de la façon cordiale dont Potemkine avait été reçu à Saint-Germain, lors de sa première ambassade. Si elle n'avait amené aucun résultat, on pouvait croire à Moscou que le souvenir laissé en France par l'Envoyé d'Alexis était assez favorable pour lui permettre de faire aboutir les négociations suivant le désir du Tsar.

Potemkine et son *diak* partirent donc de Moscou, portant à Louis XIV une lettre de Féodor, datée du 14 septembre 1680.

La mission de Potemkine avait pour prétexte de notifier au roi de France l'avènement du Tsar Féodor.

Le 28 mars 1681, l'Ambassade débarqua à Calais avec une suite de 60 personnes. Elle fut reçue, à son arrivée, par Storf, gentilhomme ordinaire du Roi, et le Sieur de la Garde.

Le 20 avril, Potemkine et sa suite atteignirent St-Denis. Bonneuil, Introducteur des Ambassadeurs leur fit le compliment d'usage et, le 30, le Maréchal d'Estrées vint prendre la mission moscovite et la conduisit rue de Tournon, dans ce même hôtel où Potemkine descendit lors de son premier voyage à Paris.

S'il faut en croire certain pamphlet de l'époque, on fut très embarrassé à la cour pour recevoir l'ambassade du Tsar « parceque des deux » interprètes que le Roi entretient pour cette » langue, l'un était mort et l'autre avait perdu » l'esprit ».

Quoi qu'il en soit, Louis XIV reçut Potemkine le 6 mai 1681, à Versailles. Le Roi donna mission à Colbert de traiter avec l'Ambassadeur moscovite des affaires touchant le commerce. Mais il ne fut pas question de politique.

La haine de la maison d'Autriche attachait trop Louis XIV à l'alliance Ottomane, pour que le roi de France put entrer dans les vues de Féodor.

Le séjour de Potemkine fut de courte durée. Le 11 mai 1681, le Roi lui remit avec quelques présents, une lettre pour le Tsar.

L'Ambassade moscovite assista aux grandes eaux de Versailles, spectacle nouveau qui fut donné en son honneur, puis elle reprit le chemin de Moscou.

Le commerce entre la France et la Russie devait forcément se ressentir du manque d'entente sur le terrain politique.

Dans un rapport daté du 4 juillet 1681, qui se trouve aux archives du ministère des affaires étrangères, et qui émane sans doute d'un commerçant français en résidence à Moscou dont on ignore le nom, on lit ce passage : « Les » humeurs et maximes des français sont tant » différents de cette nation, qu'il n'y a point » d'apparence que ces deux nations s'accordent » longtemps... »

Cette appréciation pessimiste était peut-être vraie pour l'époque ; les choses ont changé depuis.

Pendant que Potemkine accomplissait sa mission en France, Féodor avait conclu avec le

Sultan une trêve de vingt années, par laquelle la Moscovie restait en possession de l'Ukraine et de la Zaporogie. Dès lors, l'aide de la France devenait inutile.

Féodor mourut l'année suivante en 1682. Deux Tsars, Ivan et Pierre se partagèrent l'ombre du pouvoir dont leur sœur Sophie gardait, pour elle et pour son favori Vassili Galitsyne, toute la réalité.

Louis XIV songea à envoyer une ambassade auprès des nouveaux Tsars. Il fit même le choix de son ambassadeur. Ce fut M. de la Picquetière auquel on remit des instructions fort détaillées. Elles portent la date de 1683. Mais cet ambassadeur ne partit jamais. On ignore les causes qui l'empêchèrent d'accomplir sa mission.

Au mois d'août 1687, on vit débarquer à Dunkerque le prince Jacob Dolgorouki et le prince Jacob Mychetsky, venant, de la part des Tsars Ivan et Pierre, en mission auprès de Louis XIV.

Ils étaient accompagnés de 150 personnes, dont douze hallebardiers vêtus à la persane.

Au premier abord, on fut très étonné d'un si nombreux équipage.

Storf, envoyé à la rencontre des Ambassadeurs moscovites, était chargé de leur manifester toute la surprise du Roi. Cependant il devait les traiter avec les honneurs accoutumés.

Dolgorouki avait une mission bien définie. La pensée des Tsars était toujours de détacher la France de l'alliance ottomane. Les ambassadeurs d'Ivan et de Pierre venaient donc proposer à Louis XIV, malgré la trêve conclue par Féodor, d'entrer dans la Sainte ligue contre le Sultan, avec l'Empereur et le Pape.

Mais Innocent XI s'était montré l'ennemi déclaré de la France, et du reste, Louis XIV pouvait-il méconnaître la politique héréditaire de sa maison au point de devenir l'allié de l'Empire ?

La proposition des Tsars ne pouvait donc aboutir.

Dans une entrevue qu'il eut à Saint-Denis avec les Ambassadeurs moscovites, Colbert formula ainsi la réponse de Louis XIV : « Le Roi » ne peut entrer dans l'alliance parce qu'entre » l'Empereur et lui, il y a une inimitié immémo- » riale, perpétuelle ; au contraire entre le Sultan » et lui, il y a une paix perpétuelle et une » amitié solide. De quelle raison ferait-il preuve » à la face du monde et quelle gloire lui » reviendrait-il s'il s'avisait d'aider un ennemi » contre un ami ? C'est ce que le roi ne fera » jamais. »

Le refus était sans réplique. Toutefois Louis XIV reçut les Ambassadeurs moscovites à Versailles. Ils s'embarquèrent ensuite au Havre pour l'Espagne.

En 1689, Pierre prenait le pouvoir absolu. Seul, désormais à régner, il allait accomplir toutes les réformes dont Alexis avait préparé les voies.

Le soin constant de Pierre-le-Grand sera d'augmenter les relations de la Russie avec l'Occident. Lui-même viendra, dans ce but, à Paris.

IX

Une prophétie de Voltaire. — Pierre-le-Grand tourne ses regards vers l'Occident. — Les amusements du Tsar. — Pierre Mikhaïlof, le charpentier de Saardam. — Dentiste et chirurgien. — Réception originale d'une Ambassade anglaise. — Le Tsar ouvrier. — Les Guerres du Nord et de la Succession d'Espagne. — Missions de Baluze et de Matveef. — Nouveaux voyages de Pierre-le-Grand. — A la cour de Prusse. — Intrigues de Gœrtz et d'Albéroni. — Le Tsar se rend en France.

Dans son *Histoire de l'Empire de Russie sous Pierre-le-Grand*, Voltaire commentant l'insuccès de l'ambassade de Dolgorouki en France, dit ceci : « La cour de Louis XIV ne pouvait pré- » voir alors que la Russie et la France compte-

» raient un jour parmi leurs avantages celui
» d'être étroitement alliées. »

Une prophétie n'est intéressante que quand elle se réalise. C'est ici le cas ; et la phrase de Voltaire mérite d'être rappelée, à une époque où la prédiction est accomplie, et où les faits établis ont reçu une suprême sanction.

Certains esprits sceptiques et moroses ont prétendu que l'*Histoire de Russie sous Pierre-le-Grand* était un ouvrage de basse flatterie. Laissons ces discussions de côté, comme aussi la légende des belles fourrures impériales qui auraient fait tant d'impression sur l'illustre historien. Et même si Voltaire a fait là œuvre de courtisan, qui le lui reprocherait aujourd'hui ?

Au moment où Pierre arracha le pouvoir des mains de sa sœur Sophie Alexievna — son frère Ivan ne comptait pour ainsi dire pas — une grande époque s'ouvrit pour la Russie. Pierre était un *occidental* dans toute l'acception du mot. Sophie représentait encore l'esprit byzantin.

Pierre ne se contenta point de voir de loin, par les yeux de ses ambassadeurs. Il alla lui-même regarder les choses de près. Mais comme il ne pouvait sans cesse voyager, il fonda Pétersbourg pour avoir une « fenêtre percée » vers l'ouest. Moscou le gênait, avec ses couvents peuplés de moines arriérés, avec ses coupoles dorées qui rappelaient l'Orient, avec son Kremlin hanté du souvenir des Tsars à la figure hiératique. Du haut de la ville sainte, Pierre ne pouvait regarder à son aise.

« Je dois voir, » disait-il souvent.

Et il a bien vu.

Au lieu d'avoir des courtisans, pour lui apprendre les vaines coutumes formalistes de Byzance, l'enfant eut un maître, Nikita Zotof, qui lui enseigna l'histoire. Les leçons intéressèrent Pierre ; son imagination s'éveilla. Dans ses heures de récréation, il allait « vagabonder dans la rue avec de bons compagnons ».

Qu'étaient ces *bons compagnons* ? Un ramassis de jeunes drôles, les fils d'aventuriers de toutes les nations ; il y avait là des Anglais, des Hollandais, des Allemands, des Français, et même un Génevois, le petit Le Fort, qui deviendra plus tard le général fameux, l'homme de confiance de Pierre-le-Grand.

Tous ces enfants jouaient au soldat. C'étaient les « amuseurs » de Pierre. Bientôt ils formèrent une compagnie qui faisait l'exercice à l'allemande, et simulait des assauts. Ce fut le premier bataillon de l'armée russe, et les « amuseurs » de Pierre devaient plus tard renverser Sophie, et assurer le pouvoir absolu à leur maître.

L'enfant avait d'autres *amusements*. Il prit goût à la marine en faisant naviguer sur le lac de Peréïaslaw, un vieux canot à demi-pourri, abandonné dans un hangar. On a appelé ce canot « le grand'père de la flotte russe ». D'autres barques succédèrent bientôt à la première. Le lac se trouva trop étroit pour l'ambition toujours croissante de Pierre. Il ne fut satisfait que lorsqu'il put se rendre à Arkhangel, et qu'il eut devant lui la mer, avec ses vastes horizons. Là Pierre se sentit à l'aise, et ses amusements devinrent de véritables campagnes maritimes.

Pierre avait 25 ans, lorsque sur les conseils de Le Fort, son général, amiral et confident, il résolut, en 1697, de visiter l'Occident.

L'histoire, la légende et l'image ont popularisé son séjour en Hollande. Qui ne connaît le charpentier de Saardam, Pierre Mikaïlof maniant la hache sur les chantiers pour apprendre la construction des bâtiments et l'enseigner ensuite à ses sujets ? Le Tsar n'existe plus, l'étiquette est abolie, l'ouvrier seul est là, mettant la main à tout, s'instruisant, s'intéressant aux métiers les plus vulgaires.

Pierre voit sur une place publique un arracheur de dents. Bientôt, il sait extirper les molaires les plus récalcitrantes, et « y trouva tant de plaisir », dit le Prince Augustin Galitzin, « que les dents des gens de sa suite étaient continuellement en danger ». La médecine et la chirurgie le passionnaient. A Cronstadt, il opéra, un jour, une dame hollandaise, Mme Borst, qui était hydropique. La brave dame mourut, huit jours après l'opération, et Pierre suivit son convoi.

Pendant son séjour en Hollande, le Tsar reçut une ambassade que lui envoyait le Roi d'Angleterre Guillaume III. Pierre fit dire aux envoyés de Sa Majesté britannique, qu'il leur donnerait audience à bord d'un bâtiment hollandais qu'il visitait dans tous ses détails. Les ambassadeurs anglais furent surpris de cette manière d'agir ; le Tsar les traitait bien cavalièrement. Mais enfin, il fallut en passer par là. Ils se rendirent donc à l'audience impériale, la mine compassée, parlant haut, comme des gens prêts à faire sentir, à celui qui les recevait ainsi, que les représentants du Roi d'Angleterre n'avaient pas l'habitude d'être reçus de pareille façon. Quand les deux envoyés anglais furent sur le pont du bâtiment, leur stupéfaction ne connut plus de bornes, car Pierre leur fit dire que, se trouvant dans la hune du grand mât, c'était là qu'il recevrait le message de Guillaume III.

Tous les Anglais ne sont pas marins. Jamais les deux envoyés n'étaient montés sur le mât d'un navire, ils firent répondre au Tsar qu'ils étaient désolés de ne pouvoir se rendre auprès de lui. Leurs instructions d'ailleurs n'allaient pas jusque-là. Pierre insista d'une façon si pressante, que les Anglais furent obligés « de sauter ce fâcheux bâton » comme dit Saint-

Simon. On les hissa tant bien que mal sur la hune, où le Tsar leur donna audience avec la même majesté qu'il aurait déployée au Kremlin. Il s'amusa beaucoup de leur frayeur.

Il serait oiseux de faire remarquer que toutes ces fantaisies de Pierre 1er n'étaient pas les caprices d'un souverain autocrate. Le caractère du Tsar, dont la Russie s'enorgueillit à bon droit, est trop connu pour qu'il soit besoin d'insister. Comme l'a très bien dit M. de Vogüe, Pierre-le-Grand voulut s'initier à tout, pour pouvoir enseigner aux autres. Son règne fut une vraie leçon de choses pour son peuple.

Pierre ne borna pas sa visite à la Hollande. Il parcourut l'Europe entière. Dans ce premier voyage, il aurait vivement désiré venir à Paris, mais Louis XIV ne se souciait guère de le recevoir. Le Roi était trop profondément attaché à sa politique de haine contre la Maison d'Autriche, pour vouloir entrer en commerce d'amitié avec un souverain qui représentait des idées contraires.

Dans tous les pays qu'il visita, Pierre fit une profonde impression par sa stature élevée — il mesurait deux mètres — ses traits accentués, son regard perçant.

La façon cavalière dont il avait reçu les Ambassadeurs de Guillaume III, ne l'empêcha pas d'être fort bien traité en Angleterre, lorsqu'il s'y rendit, en quittant la Hollande. Il y resta trois mois, à étudier les constructions maritimes, et à faire des comparaisons sur la manière de travailler des deux peuples.

Pierre était très fier, lorsque, faisant un métier quelconque, il réussissait aussi bien que le meilleur ouvrier.

Il allait souvent dans une fabrique de fer établie à Istia, aux environs de Moscou. C'était la première usine de ce genre qui fonctionnait dans ses États. Elle avait été fondée par un négociant nommé Werner Muller. Il prit fantaisie au Tsar d'y travailler de ses propres mains. Il y fabriqua dix-huit poudes de fer, (le poude pesait quarante-huit livres) en contraignant les gens de sa suite à lui apporter du charbon et à faire manœuvrer le soufflet.

Quand Pierre eut achevé sa besogne, il vint trouver le maître et lui dit :

— Combien payez-vous à vos ouvriers pour la fabrication d'un poude de fer?

— Trois kopecks ou un altin, répondit Muller.

— Vous me devez donc dix-huit altins, dit le Tsar.

Muller s'empressa d'aller chercher dix-huit ducats, pensant qu'il ne pouvait offrir moins à un aussi illustre ouvrier.

Pierre rejeta l'argent avec indignation.

— Prends tes ducats, dit-il au fabricant stupéfait, et donne-moi ce qu'il me faut. Je n'ai pas mieux travaillé que tes autres ouvriers.

Muller interloqué reprit ses ducats, et compta au Tsar la modeste somme qu'il réclamait pour son salaire.

— Bon, dit Pierre, j'irai acheter avec cela des souliers dans les boutiques, c'est autant d'épargné.

Et il les montra avec orgueil aux gens de son entourage, en disant :

— Voilà des souliers que j'ai acquis du travail de mes mains !

Le XVIIIe siècle s'ouvrait par deux guerres : l'une au Nord, entre la Russie et la Suède, l'autre entre les puissances occidentales, au sujet de la succession d'Espagne.

La lutte que Pierre Ier engageait contre Charles XII, avait un but précis. Il importait au développement de la Russie qu'elle possédât une partie des rives de la mer Baltique.

La guerre de la Succession d'Espagne entamée par Louis XIV afin de faire prévaloir les droits de sa maison, était la conséquence de cette politique traditionnelle des Bourbons, qui consistait à poursuivre l'abaissement de la Maison d'Autriche.

La guerre du Nord et celle d'Espagne débutèrent par des revers pour le Tsar et pour le Roi de France. La défaite des Russes à Narva eut lieu en 1700; en 1701 les Français essuyèrent leur premier revers à Chiari. Mais Pierre se releva promptement de ce premier échec, et tandis que la guerre du Nord devait être pour la Russie une source de gloire et de profit, la Guerre de la Succession d'Espagne allait être pour la France une suite de mécomptes.

Louis XIV qui, jusque-là, avait dédaigné l'amitié de la Russie, commença à jeter les yeux du côté de Moscou, lorsqu'il apprit les succès de Pierre Ier.

Une grande puissance s'élevait dans le Nord; elle entrait victorieusement en lutte avec tous les alliés de la France. La guerre du Nord pouvait ainsi avoir les plus graves conséquences sur le résultat final de la guerre espagnole.

Plus que jamais la France avait besoin de la Suède ; il fallait arrêter le démembrement et l'affaiblissement de ce royaume.

L'envoi d'une ambassade à Moscou fut donc résolu. Le choix du Roi se porta sur Jean-Casimir Baluze, secrétaire du Résident français en Pologne.

Baluze était né en 1648 à Varsovie. Filleul du Roi Jean-Casimir, il avait successivement été page de ce Prince, puis gentilhomme de la chambre. Passé ensuite au service de la France, il avait rempli quelques missions en Hongrie.

En 1692, il fut chargé de la correspondance

lorsque le Marquis de Béthune, ambassadeur de France en Pologne, quitta Varsovie. Baluze conserva ses fonctions de secrétaire sous les successeurs de Béthune et c'est dans ce poste que vint le trouver l'ordre de se rendre à Moscou.

Les instructions qu'il reçut et qui sont datées de Fontainebleau le 28 septembre 1702 trahissaient les singulières illusions que la cour de France se faisait au sujet de la politique russe. Louis XIV ignorait complètement les causes véritables de la guerre du Nord et il lui semblait que le prestige de sa renommée suffirait à arrêter une lutte qui pouvait contre-carrer ses desseins. Mais l'admiration que Pierre pouvait avoir pour le Roi-Soleil, n'allait pas jusqu'à lui faire oublier les intérêts majeurs de la Russie.

Les instructions envoyées à Baluze se résument en deux articles aussi étranges l'un que l'autre. En premier lieu, le Roi de France veut amener le Tsar à conclure, dans le plus bref

délai possible, la paix avec la Suède, afin que les forces russes, rendues disponibles, puissent faire une diversion contre l'Empereur en Transylvanie, tandis que les armées françaises tiendraient en échec les troupes impériales en Italie, et sur les bords du Rhin. — « Le second article
» porte le mémoire envoyé à Baluze, regarde
» l'argent qu'il (le Tsar) voudrait prêter au Roi.
» Il rendroit en cette occasion un service consi-
» dérable à Sa Majesté et lui-même en tireroit
» dans la suite un très grand avantage ; les inté-
» rêts en seroient exactement payés, et il s'assu-
» rerait pour toujours de l'alliance de sa
» Majesté, sans s'exposer au moindre déran-
» gement. » (1).

L'arrivée à Moscou d'un Ambassadeur du Roi de France était inattendue. Elle troubla le repos

---

(1) *Recueil des Instructions données aux Ambassadeurs de France*. Russie, par ALFRED ROMBAUD.

des résidents étrangers. Les représentants des puissances coalisées contre la France répandirent le bruit que Baluze était un espion du Roi de Suède.

Dans une des premières lettres qu'il écrivit au Roi, (Slobode près Moscou, 10 avril 1703) Baluze rapporte tous les bruits fâcheux qui couraient au sujet de sa mission. Il signalait l'intérêt qu'avaient certains ministres à la voir échouer.

« J'ai tout lieu de croire, écrivait Baluze, que
» les Ministres des puissances liguées contre
» Votre Majesté me traverseront en tout ce qu'ils
» pourront, qu'ils tâcheront de me rendre
» suspect au Czar. Il me revient déjà qu'ils ont
» fait entendre sous main qu'il ne faut pas
» d'envoyé de Suède où il y en a un de France,
» et qu'il ne tiendra pas à leur crédit et à leurs
» efforts que le Czar ne me fasse dire de me
» retirer. Ils tâchent de pénétrer le sujet de ma

» mission. Ils disent plusieurs choses là-dessus,
» et entre autres que je suis venu pour proposer
» une alliance pour porter le Czar à donner les
» mains au détrônement du Roi de Pologne.
» Ils parleroient autrement s'ils étoient moins
» préoccupés de leur passion. »

Baluze ne se laissa pas rebuter par l'hostilité qu'il rencontrait. D'ailleurs, en dépit de toutes ces intrigues, il fut traité à Moscou avec les plus grands égards.

Les résultats de cette mission ne furent pas tels que Louis XIV l'eut désiré. Le Tsar ne pouvait accueillir les propositions du Roi de France, sans compromettre tous les avantages qu'il était en droit d'attendre, après les premiers succès qu'il venait de remporter sur Charles XII. On le comprit à Versailles, et le 12 juillet 1703, le Roi écrivait à Baluze : « Je vois par le compte
» que vous me rendez, que les ministres du
» Czar veulent vous obliger à faire de ma part

» les premières propositions pour un traité
» d'alliance. Comme mon intention en vous
» envoyant étoit de répondre à l'empressement
» que ce prince avoit témoigné de prendre des
» liaisons avec moi, et que je ne vois pas qu'il
» continue dans les mêmes dispositions, il
» serait très inutile que vous fissiez un plus long
» séjour à Moscou.

» Rien ne vous doit obliger aussi à suivre
» ce prince à l'armée ; aussi mon intention est
» que vous ne perdiez point de temps à revenir
» en Pologne où vous continuerez, comme vous
» faisiez auparavant, à me rendre compte
» de tout ce que vous apprendrez qui aura
» quelques rapports au bien de mon service. »

Dans ses lettres tantôt au Roi, tantôt à Torcy, Ministre des affaires étrangères, Baluze rapportait tout ce qu'il pouvait apprendre sur les affaires du Nord. Le 2 Janvier 1704 il donnait à Louis XIV un détail qui ne manquait pas de

piquant. Il le tenait du tailleur du Tsar. « J'ai
» vu son tailleur revenu nouvellement de
» France ; il m'a dit qu'il était vrai que ce
» prince lui avoit ordonné de lui conter ce qu'il
» y avoit vu, et qu'il avoit répliqué, sur la
» réponse qu'il lui avoit faite qu'il n'avoit point
» assez d'esprit ni de mémoire pour faire une
» relation bien juste des belles choses et de
» magnificences qu'il avoit vues, qu'il iroit les
» voir lui-même, mais qu'il ne prétendait pas
» être à charge à votre Majesté. »

Ainsi, dès 1704, le Tsar Pierre caressait le projet de venir à Paris. Il ne put le réaliser que treize ans plus tard.

En 1703, tandis que Baluze était à Moscou, des corsaires de Dunkerque capturèrent un navire russe l'*Apôtre Saint-André*. L'année suivante un second bâtiment russe portant le même nom fut pris également. L'Amirauté française les avait déclarés de bonne prise, et quelque temps après, des effets appartenant à Matveef ambassadeur du Tsar en Hollande, avaient été confisqués dans les eaux françaises à bord d'un vaisseau batave.

Postnikof, l'agent que Pierre entretenait à Paris d'une manière officieuse n'avait pas qualité pour porter les protestations de son maître auprès du gouvernement du Roi. Le Tsar envoya Matveef à Paris avec mission d'obtenir la restitution des navires et des objets saisis. La réclamation du Tsar ne pouvait avoir de meilleur avocat que ce diplomate, puisqu'il se trouvait partie intéressée dans la question.

Matveef arriva en France au mois de novembre 1705, et remit un mémoire à Torcy sur les affaires qui avaient motivé sa mission. Dans sa réponse, le gouvernement français disait que la nationalité des navires n'entrait pour rien dans la saisie, que seule l'irrégularité de leurs papiers avait été la cause de cette mesure. Quant à la restitution que demandait le Tsar, elle n'était pas possible, les bâtiments ayant été vendus avec leur chargement. Les armateurs s'étaient partagé le produit de cette vente, « il serait » bien difficile pour ne pas dire plus de le » retirer de leurs mains. » Torcy cependant affirmait à Matveef qu'il serait indemnisé de sa perte.

Le ministre lui promit ne outre, au nom du Roi, que les prescriptions tendant à respecter le pavillon russe seraient renouvellées, si toutefois les capitaines des navires consentaient à s'assujettir aux règles en usage dans les temps de guerre. Torcy, enfin s'engageait à réglementer le libre commmerce des sujets du Tsar en France de la même façon que les Français seraient traités en Russie.

Matveef se montra satisfait de la façon dont Louis XIV le reçut. Avant son départ de Hollande on avait, à dessein, laissé entendre à l'Envoyé moscovite qu'il serait fort mal accueilli en France.

D'autre part le bruit courait en France que Pierre montrait une hostilité quelque peu barbare à l'égard des Français résidant en Russie. Matvéef fit justice de cette calomnie dont il attribuait la diffusion aux journaux. Il dit à d'Iberville qui était chargé de conférer avec lui :

« Le Tsar bien loin de haïr le Roi et la nation
» française, admire les vertus, la piété, la gran-
» deur du génie de Sa Majesté et la regarde,
» comme le plus parfait modèle d'un bon
» gouvernement et qui devrait être imité par
» tous les monarques. »

Toutes les déclarations de Matveef furent consignées dans un rapport que d'Iberville remit au Roi, à la suite de ses conférences avec l'Envoyé russe. M. Rambaud a donné de curieux extraits des rapports confidentiels que Matveef adressait à son gouvernement, pendant son séjour à Paris. D'après lui, le roi de France s'intéressait trop aux affaires de la Suède, pour pouvoir arriver à une entente cordiale avec le Tsar. Louis XIV, d'ailleurs, avait été vivement froissé de l'insuccès de la mission Baluze et Matveef craignait que la cour de France ne payât la Russie « de la même monnaie ». En demandant son rappel, l'Ambassadeur du Tsar écrivait : « Changer l'amitié des Anglais et des » Hollandais contre celle des Français ne nous » promet guère de profit ».

Au mois de septembre 1704, Matveef rejoignit son poste à La Haye, ne rapportant de sa mission qu'une lettre aimable de Louis XIV pour Pierre Ier.

Tandis que le Tsar continuait victorieusement sa lutte contre Charles XII, la France essuyait une série de revers : Ramillies, Turin, Oudenarde. Louis XIV, cependant, songeait toujours à venir en aide au roi de Suède, son allié. Les lettres de Ferriol, ambassadeur du Roi à Constantinople, interceptées par Tolstoï, son collègue de Russie, prouvaient que la France poussait la Turquie à déclarer la guerre au Tsar.

A ce moment-là, en 1707, Pierre craignant de se trouver engagé entre la Suède et le Sultan, aurait accepté la médiation de la France. Ce projet échoua, par suite de l'obstination du roi de Suède. Cette obstination conduisit Charles XII à Poltava et à Bender.

La défaite de Malplaquet (11 septembre 1709) survenue peu après la victoire de Pierre 1er à Poltava (8 juillet 1709) remit en question la médiation de la France dans les affaires du Nord. Deux mémoires portant la date de 1710, et que M. Rambaud attribue à Torcy, furent présentés à Louis XIV. Ils établissaient l'intérêt qu'il y aurait pour la France à renouer des négociations avec le Tsar. Le gouvernement du Roi poursuivait toujours cette même politique

rendue plus nécessaire que jamais par les revers de la guerre espagnole : amener la Russie, une fois la paix conclue avec la Suède grâce aux bons offices de la France, à faire une diversion contre l'Empereur. Le premier de ces deux mémoires demandait que le Roi consentît à envoyer un ambassadeur en Russie. Il aurait mission d'amener le Tsar à cette diversion en le flattant. « Si le Tsar, portait le mémoire, comme
» conclusion, se plaint que nous l'avons méprisé
» et que ses ambassadeurs ont été maltraités en
» France, on peut lui répondre que la Moscovie
» n'est bien connue que depuis que le Prince
» qui y règne s'est attiré par ses grandes actions
» et ses qualités personnelles l'estime des autres
» nations, et que c'est sur cette réputation que
» Sa Majesté très chrétienne lui fait offrir sin-
» cèrement son amitié.

» Le cardinal de Richelieu tira Gustave-
» Adolphe de la conquête de la Livonie pour

» abattre la puissance de la maison d'Autriche ;
» il serait heureux, dans la conjecture présente
» de tirer le Czar de la conquête des mêmes
» provinces pour en faire le même usage ».

Le second mémoire, rédigé dans un semblable esprit, convainquit Louis XIV. Le 3 juillet 1710 on informa Skroff, agent de Pierre à Paris, que Baluze allait recevoir l'ordre de se rendre en mission, de nouveau, auprès du Tsar.

L'ancien Envoyé de 1702 n'avait cessé de résider en Pologne où il était bien placé pour suivre les événements qui se déroulaient dans le Nord. Les instructions qui lui furent adressées de Marly portent la date du 24 juillet 1710.

« On peut s'imaginer, dit M. Rambaud,
» l'importance que le Roi attachait au succès de
» cette mission si l'on se rappelle qu'en mars de
» cette même année il avait fait demander la
» paix aux coalisés, en offrant d'abandonner la
» cause de Philippe V et que, dans ce même

» mois de juillet, les conférences de Gertruy-
» denberg avaient dû être rompues, parce que
» les alliés exigeaient que Louis XIV fit lui-
» même la guerre à son petit-fils et lui donnaient
» un délai de deux mois pour le chasser de
» l'Espagne.

En arrivant à Moscou vers la fin d'avril 1711, Baluze trouva la situation changée. La Turquie avait déclaré la guerre à la Russie, et le Tsar s'apprêtait à marcher contre les armées du Sultan réunies dans les plaines d'Andrinople.

L'Ambassadeur du Roi de France se trouvait donc dans une position délicate, car on n'ignorait pas à Moscou que la France et ses alliés, Charles XII et le Roi de Pologne, avaient tout fait pour amener cette guerre.

Aussitôt arrivé, Baluze eut des conférences avec le Chancelier Golovkine, le prince Dolgoronki et Chafirof, trois des ministres du Tsar. Dès sa première entrevue avec les mandataires de Pierre, l'Ambassadeur français essaya de prouver que la France n'était pour rien dans la guerre engagée par la Turquie. « Il s'est dit, » Sire, d'un côté et d'un autre, bien des choses » très honnêtes » écrivait Baluze à Louis XIV. Tandis que Baluze négociait à Moscou, le Tsar envoya Gregori Volkof en mission à Paris. Mais une entente était difficile à établir. La France offrait sa médiation dans les guerres de Suède et de Turquie, en affirmant la solidarité de ces deux conflits ; la Russie ne voulait accepter cette médiation que vis-à-vis du Sultan. Les conférences qui eurent lieu à Moscou et à Fontainebleau ne purent amener de résultat.

Comme Matveef, Volkof accusait les gazettes françaises d'accroître, par de fausses nouvelles, l'hostilité qui régnait à Paris contre la Russie. D'après le conseil d'un de ses amis, l'Envoyé du Tsar écrivait « qu'il serait peut-être avantageux » de gagner les rédacteurs de journaux afin

» qu'ils impriment des nouvelles qui nous sont
» favorables. »

Le 23 juillet 1711, le Tsar signait la paix avec la Turquie sans la médiation de notre pays.

L'alliance entre la France et la Russie ne pouvait se faire encore.

Mais on commençait à voir en Russie un grand nombre de Français. C'étaient, non seulement, des commerçants, mais encore des industriels, des ingénieurs et des savants.

En 1716, Pierre 1er résolut de visiter l'Europe une seconde fois. Mais ce n'était plus l'artisan venant étudier l'industrie occidentale : l'ouvrier des rudes travaux manuels, avait fait place à l'Empereur, au vainqueur de Poltava, au réformateur d'un vaste Empire qui, enfin, prenait sa place dans la civilisation européenne.

Pierre était accompagné de sa seconde femme

Catherine, cette Livonienne enlevée quinze ans auparavant pendant le sac de Marienbourg.

D'abord épousée secrètement, Catherine était déjà officiellement reconnue et ne devait pas tarder à être sacrée Tsarine. Elle était pour Pierre une collaboratrice intelligente et dévouée. Son manque d'instruction ne l'empêcha pas de comprendre son mari, et de l'aider à accomplir les vastes conceptions qui hantaient son cerveau.

Pierre et Catherine furent d'abord reçus par le Roi de Prusse Frédéric-Guillaume, père de celui qui devait être le Grand-Frédéric et de Wilhelmine, qui, plus tard, devenue Margrave de Bayreuth, laissa de piquants mémoires sur les choses de son temps.

Lors de la visite du Tsar et de Catherine à son père, Wilhelmine était une enfant, elle avait huit ans à peine ; mais à l'époque où elle écrivit ses souvenirs, elle avait encore tous les détails de cette réception présents à sa mémoire.

« Il (le Tsar) me prit entre ses bras, dit-elle,
» et m'écorcha tout le visage à force de me
» baiser. Je lui donnais des soufflets et me
» débattais tant que je pouvais, lui disant que
» je ne voulais pas de ces familiarités et qu'il
» me deshonorait. Il rit beaucoup de cette idée
» et s'entretint longtemps avec moi. »

La future Margrave avait déjà l'esprit éveillé. Ses parents lui avaient recommandé d'être très gentille avec le Tsar. Elle se mit de suite à parler à Pierre de ses navires et de ses conquêtes.

La marine était un sujet qui passionnait le Tsar. L'enfant l'avait pris par son côté faible. Il fut si charmé, que se retournant vers Catherine, il lui dit : « Si je pouvais avoir un enfant
» comme cela, je céderais volontiers une de mes
» provinces. »

Que de mélancolie dans cette simple phrase du Souverain qui n'avait pas été heureux dans ses enfants !

Pierre fut obligé de laisser Catherine à Schwerin. Elle était sur le point d'accoucher. Le Tsar continua son voyage, et arriva en Hollande.

Il fut heureux de revenir dans ce pays où il avait laissé tant de souvenirs de jeunesse.

Il voulut revoir Saardam et la chaumière où, dix-huit ans auparavant, il avait construit des navires. Parvenu au faîte de la gloire, il n'oubliait pas ses premiers travaux. Il ne reniait pas un passé de labeur dont les résultats avaient été si féconds. Mais, comme l'ouvrier, la chaumière de Saardam avait grandi. C'était maintenant « une maison agréable et commode » suivant l'expression de Voltaire. On la nommait dans le pays, *la maison du Prince*.

Catherine, cependant, avait mis au monde un fils qui ne vécut qu'un seul jour. A peine remise de ses couches, elle accourut à Amsterdam auprès de Pierre.

Catherine avait un culte pour tout ce qui

touchait à son époux chéri et vénéré. Elle voulut connaître Saardam. Ce désir si délicat toucha le Tsar.

Ils partirent donc tous deux, sans suite, sans apparat, comme de jeunes époux en voyage de noces, et visitèrent la petite ville peuplée de calfats et de charpentiers.

Le Tsar put fournir à la Tsarine bien des explications intéressantes sur l'art des constructions navales. Non seulement il n'avait rien oublié de ses premières études, mais il s'était perfectionné dans les chantiers établis à Pétersbourg et qu'il visitait fréquemment. Catherine, de son côté, écoutait attentivement toutes ces explications. Son plus cher désir était de se hausser jusqu'à Pierre, pour pouvoir être son aide et son soutien.

Le soir, les souverains allèrent dîner, sans façons, chez un nommé Kalf, constructeur de navires que Pierre avait connu à Pétersbourg.

Le Tsar respectait les travailleurs, et le vainqueur de Charles XII ne pensait pas se rabaisser en acceptant l'hospitalité d'un honnête artisan qui devait son aisance au labeur quotidien.

Kalf reçut l'empereur et l'impératrice, entouré de toute sa famille.

Le maître charpentier avait un fils qui revenait de Paris, où il était allé passer quelques années pour compléter son instruction.

Après avoir goûté tous les enivrements d'une vie de plaisir, le jeune homme n'avait rien perdu de sa simplicité native. Se faisant appeler à Paris le comte du Veau (en souvenir de son nom de Kalf), il aurait, au dire de Voltaire, soupé avec des princesses, et joué chez la duchesse de Berry. Jamais un étranger n'aurait été si fêté dans Paris ; mais, de retour à Saardam, il avait repris le costume de matelot hollandais, et les outils à la main, il dirigeait les ouvriers de son père.

Pierre et Catherine s'intéressèrent aux récits que le jeune homme leur fit de la France.

Pierre n'était pas venu en Occident pour faire seulement un voyage sentimental. Si, parfois, on le voyait s'attendrir à des souvenirs qui devaient lui être pénibles, il ne s'attardait pas aux questions de sentiment : il n'en avait pas le temps. Il voulait connaître de près cette politique d'Occident qui, de loin, lui paraissait fort compliquée. Après avoir doté son pays de toutes les réformes sociales, religieuses, administratives et industrielles, il semblait à Pierre que le moment était arrivé, pour la Russie, d'entrer dans le concert politique et diplomatique de l'Europe.

La Hollande était alors le théâtre d'intrigues nouées par deux hommes ambitieux qui rêvaient de bouleverser l'Europe, et de la façonner à leur guise.

Ces deux intrigants étaient le baron de Gœrtz, ministre de Charles XII, et le cardinal Alberoni, ministre de Philippe V d'Espagne. Ils avaient fomenté, un complot destiné à détrôner le roi d'Angleterre George Ier, en faveur du prétendant Charles-Edouard, le dernier des Stuarts.

Ce complot avait une ramification en France. On connaît la conspiration de Cellamare dirigée contre le Régent, à l'instigation d'Alberoni.

Ces deux intrigues parallèles échouèrent piteusement. Gœrtz fut arrêté à Arnheim, à la requête du roi d'Angleterre, en même temps que le comte de Gyllembourg, ambassadeur de Charles XII à Londres. Après cinq mois de détention, ils furent remis en liberté, grâce à l'intervention du duc d'Orléans.

Ces événements se préparaient au moment où le Tsar se trouvait en Hollande. Pierre était au courant de tout ; mais il ne voulut pas se compromettre. Il refusa de voir Gœrtz personnellement. Seuls, les ministres du Tsar le virent, mais dans le plus grand secret.

Il entrait, cependant, dans les vues de Charles XII de conclure la paix avec le Tsar. Gœrtz s'employait de toutes ses forces à l'obtenir.

Voltaire nous dit que les ministres du Tsar avaient pour instructions de ne voir Gœrtz qu'avec « les plus grandes précautions, avec » ordre d'écouter tout et de donner des espé- » rances, sans prendre aucun engagement et » sans le compromettre. »

Le Tsar désirait ne pas se hâter, pour conclure un arrangement pacifique avec la Suède.

Il rêvait une autre alliance capable de procurer à la Russie une place prépondérante en Europe.

Son ambition était tournée vers la France. Il vit Châteauneuf, ministre de France à La Haye, ainsi que l'abbé Dubois qui se trouvait en mission extraordinaire auprès des États-Généraux. Aux ouvertures que Pierre leur fit, ils ne purent répondre que d'une façon vague.

Désespérant de rien obtenir ainsi, le Tsar

résolut de venir lui-même à Paris, pour voir le Régent et ses ministres.

Le Duc d'Orléans n'avait pas les mêmes raisons que Louis XIV, pour redouter la visite du Tsar.

Pierre se mit en route, assuré qu'il recevrait à Paris un accueil des plus sympathiques.

X.

Le Duc d'Orléans et l'alliance anglaise. — Instructions envoyées à Dunkerque pour la réception de Pierre-le-Grand. — Correspondance de Liboy. — Le voyage du Tsar de Dunkerque à Paris. — Les préparatifs dans la capitale. — Le Journal d'un Capucin. — Arrivée de Pierre 1er à Paris. — Simplicité du Tsar. — Son entrevue avec le Régent. — Pierre va voir le Roi aux Tuileries.

Le Tsar entretenait un agent à Paris ; il se nommait Conon Zotof. En réalité, celui-ci n'était revêtu d'aucun caractère diplomatique, mais il renseignait son maître sur tout ce qu'il voyait et entendait.

C'est ainsi, qu'au mois de décembre 1716, Zotof rapporta à Pierre un propos qu'aurait tenu le Régent au sujet d'un projet de mariage entre une de ses filles et le fils du Tsar. Philippe d'Orléans se serait écrié : « J'en serais si content, que je voudrais que cela se fît aujourd'hui ! »

Le propos est peu vraisemblable, car le Régent tenait trop à l'alliance anglaise, pour désirer une union intime avec la maison d'un Souverain, ennemi déclaré du roi d'Angleterre.

Mais ces paroles rapportées à Pierre, lui causèrent un véritable plaisir. Il s'imagina, qu'aussitôt à Paris, il pourrait conclure l'alliance politique qu'il rêvait.

Le Tsar se méprenait singulièrement. Le Régent ne fut qu'à demi-satisfait, à l'annonce de la prochaine visite de Pierre en France. Il craignait les conséquences de ce voyage au point de vue des relations avec Londres. Les dépenses extraordinaires que cette visite allait occasionner au Trésor préoccupaient également le duc d'Orléans et Dubois. Ils auraient bien voulu s'en dispenser, mais il n'y avait plus moyen de reculer.

A ces inquiétudes d'ordres différents, se joignait l'embarras où se trouvait la cour de France, pour savoir de quelle façon le Tsar serait reçu. Arriverait-il en souverain, devait-on le traiter comme tel, ou bien venait-il en simple curieux qui, pour mieux voir, désirait conserver l'incognito ? Pierre n'avait pas fait connaître ses intentions à ce sujet.

Dès qu'il sut que le Tsar avait choisi le port de Dunkerque pour faire son entrée en France, le Régent fit tenir des instructions au « subdélégué de M. l'Intendant à Dunkerque » ainsi qu'à M. d'Hérouville commandant des troupes de cette garnison.

Un article de M. Rambaud sur le voyage de Pierre Ier à Paris, publié dans le numéro du 14 octobre 1893 de la *Revue Bleue*, nous fait connaître une partie de ces instructions. Le nom du Tsar n'y est pas mentionné une seule fois ; on y parle seulement d'un « seigneur étranger » qui doit arriver à Dunkerque le 14 avril. Sa réception, son logement, son voyage doivent être assurés de la façon la plus *honnête*.

Des instructions identiques furent remises au sieur de Liboy, gentilhomme ordinaire de Sa Majesté, qui se rendait, par ordre, à Dunkerque pour recevoir le Tsar au nom du Roi. Seulement, dans ces dernières instructions, le titre de Tsar (on écrivait Czar) se trouvait mentionné.

Pierre arriva, mais avec une suite beaucoup plus nombreuse qu'on ne l'avait prévu. Le souverain était accompagné de presque tous ses ministres : les présidents du Saint-Synode et du Sénat, les chefs de la diplomatie, dont faisait partie le prince Kourakine, ambassadeur en Hollande. Bref, cette suite, qu'on estimait devoir être de quarante personnes au plus, était, en réalité, de soixante et une. Il en résulta des difcultés que Liboy n'aplanit pas sans peine.

A Boulogne, le marquis de Nesle, spécialement

envoyé par le Régent au-devant du Tsar, rejoignit le cortège, qui n'avançait que bien lentement vers la capitale.

Pierre voulait tout voir. On s'arrêtait souvent pour donner au souverain le temps de contempler ce qui l'intéressait. Le Tsar qui désirait ne rien perdre du paysage, refusa la berline mise à sa disposition. On dut chercher des chaises de poste.

Cependant Liboy s'inquiétait — un peu trop peut-être — des « extravagances » débitées par les hollandais, dans leurs gazettes, au sujet de ce voyage. Il en écrivit à Paris, où il donna le plan d'un article qu'on pourrait faire passer dans les feuilles.

« Le gazetier, disait-il, fera quelque belle pièce d'éloquence sur ce canevas, et le menu peuple sera content. »

M. Rambaud nous montre Liboy entretenant, avec ses chefs, une correspondance suivie, où il note les moindres incidents du voyage, la façon de vivre du souverain, ses habitudes et celles des gens de sa suite. Mais l'historique de ce voyage n'est pas rédigé sans quelques doléances sur les embarras qui surgissaient à chaque pas. Le gentilhomme du Roi éprouvait une grande difficulté à se faire comprendre. Seul, Kourakine parlait un peu de français. Malgré tout, le brave Liboy s'en tira à son honneur. Pierre aimait fort le pain bis, les sauces piquantes, les petits pois, les oranges, les poires et les pommes. Grâce à la vigilance de Liboy, le souverain put satisfaire tous ses goûts. Quant aux personnages de la suite : « les seigneurs aiment tout ce qui est bon, et s'y connaissent » écrivait le gentilhomme.

Les instructions remises à Liboy comportaient un article plus délicat. Il devait, autant que possible, essayer de pénétrer, avec toute la prudence désirable, le but exact du voyage de Pierre en

France. Mais ce n'était pas chose facile. Malgré tous ses efforts, Liboy ne parvint pas à éclaircir cette grave question. Il ne put envoyer que des appréciations personnelles. D'après lui, dans les desseins du Tsar, il entrait beaucoup de curiosité, et le désir d'établir avec la France des rapports politiques. Le gentilhomme de la maison du Roi était assez clairvoyant, mais, après avoir émis cette opinion, il ajoutait : « je doute que ce soit le point de vue. »

Pierre qui était fort curieux, avait horreur de la curiosité dont il était l'objet dans les villes qu'il traversait.

A Amiens, l'évêque, malgré son absence, avait fait préparer le palais épiscopal pour recevoir dignement le souverain. Rien n'y manquait, mais Pierre ne voulut s'arrêter qu'à une lieue de la ville, pour éviter la curiosité des habitants, fort allumée par l'annonce de l'arrivée du Tsar de Russie.

Il agit de même à Beauvais, où l'évêque qui avait également préparé sa demeure pour lui, fut obligé d'aller le rejoindre dans un village des environs, afin de lui présenter ses compliments. Pierre reçut le prélat de la façon la plus courtoise, en s'excusant de ne pas avoir accepté son hospitalité.

Pour terminer l'entretien, le Tsar dit à l'évêque : « Je suis un soldat, et partout où je trouve « du pain et de l'eau je suis content. »

Le terme du voyage approchait. A Paris, on organisait la réception du souverain russe. Il fallait quelqu'un qui eut assez l'usage des cours étrangères, pour être attaché à la personne du Tsar, pendant son séjour à Paris. Sur les avis du duc de Saint-Simon, le Régent confia cette délicate mission au maréchal de Tessé. Celui-ci partit immédiatement pour Beaumont, où il avait l'ordre d'attendre le souverain.

Pendant ce temps-là, on meublait l'hôtel de Lesdiguières, et on l'ornait. Cette habitation, grande et belle, dans le Marais, proche de l'arsenal, appartenait au maréchal de Villeroy qui, la trouvant trop éloignée, logeait aux Tuileries.

On avait également préparé les appartements du Tsar au Louvre ; mais dans la pensée que, peut-être, il préférerait une demeure particulière, le Régent avait fait aménager l'hôtel de Lesdiguières.

Buvat, modeste écrivain de la bibliothèque du roi, qui a laissé des mémoires non sans valeur sur la Régence, nous dit que « toutes les mai-
» sons de la rue de la Cerisaie, où cet hôtel est
» situé, furent marquées à la craie pour y loger
» les officiers destinés pour le service de cet
» empereur de Moscovie. »

Toutes choses étaient donc réglées pour recevoir le Tsar. Le Régent n'avait rien négligé pour faire à Pierre une réception digne de lui et de la France. Si les deux princes se trouvaient séparés sur le terrain politique, l'entrevue se présentait du moins sous les auspices de la sympathie la plus vive.

La curiosité des parisiens fut très excitée. La renommée de Pierre avait pénétré partout, en Europe, et son arrivée à Paris formait un évènement à sensation.

Les gazettes s'emplirent de nouvelles. Tous les mémoires de l'époque abondent en détails sur cette visite.

On connaît le magistral portrait de Pierre 1er tracé par Saint-Simon. Le copiste Buvat, qui découvrit la conspiration de Cellamare et sauva ainsi le Régent, et qui est devenu un héros de roman et d'opéra-comique, nous a laissé des anecdotes piquantes sur le voyage du Tsar.

Il existe à la Bibliothèque nationale un manuscrit formant le journal du séjour de

Pierre à Paris. Ce manuscrit a été publié, en 1891, par M. le vicomte de Grouchy, dans le *Bulletin de la Société de l'Histoire de Paris et de l'Ile de France*. Ce journal est curieux, car il nous montre à quel point les gens de toutes les classes s'intéressaient à la visite que le Tsar nous faisait.

Il a été écrit par un religieux, le père Furcy, jadis missionnaire dans le Levant, et qui vivait alors, dans le couvent des Capucins du Marais, appelé aussi le couvent de la Conception, situé non loin de l'hôtel de Lesdiguières : « La visite
» du Tsar dut frapper vivement notre annaliste»,
dit M. de Grouchy, « car bien que l'évènement
» fut étranger à l'histoire des Capucins, il en a
» relaté les détails avec beaucoup plus de soin
» qu'il ne l'a fait pour des évènements autrement
» importants. »

Le Tsar ne devait pas tromper l'intérêt que suscita son voyage en France.

Pierre 1er arriva à Beaumont le vendredi 7 mai 1717, vers midi. Le maréchal de Tessé attendait le souverain depuis la veille. Après les révérences et les compliments d'usage, le cortège se mit en route. Le dîner fut servi au château de Nointel. Tessé eut l'honneur d'y être admis, et le soir même, à neuf heures, le Tsar faisait son entrée au Louvre « avec une escorte de trois » cents grenadiers à cheval lestement vêtus. »

Le Régent avait bien présumé les intentions de Pierre, en faisant aménager une demeure particulière. Quand le souverain vit les grands appartements du Louvre tout illuminés, ornés de tapisseries de prix, somptueusement meublés et dorés, il trouva cela trop beau pour lui, et demanda à se rendre sans retard, à l'hôtel de Lesdiguières. Il ne voulut même pas s'asseoir à la table où un fastueux souper avait été préparé en son honneur.

Le Tsar, qui avait des goûts forts simples, fut

gêné par tant d'apparat. Il fit éteindre les lustres du Louvre, car cette dépense était contraire à ses idées d'économie. Même il trouva que les appartements aménagés pour lui à l'hôtel de Lesdiguières étaient trop somptueux. Avant de prendre aucun repos, il fit tendre un lit de camp à son usage dans une garde-robe attenante à la chambre qu'on lui avait destinée.

Le maréchal de Tessé, spécialement attaché à la personne du Tsar, prit un logement dans le même hôtel. Le service du souverain avait été confié à Verton, un des maîtres d'hôtel du Roi.

L'arrivée d'un Tsar de Russie était un spectacle nouveau pour les parisiens, mais leur curiosité fut déçue lorsqu'on apprit que le souverain avait désiré faire son entrée à Paris le soir, justement pour éviter cette curiosité qui lui déplaisait fort. Néanmoins il y eut des illuminations dans les rues St-Denis et St-Honoré, et beaucoup de gens aux fenêtres, malgré l'heure tardive, sur le parcours du cortège impérial.

Le service d'honneur du Tsar à l'hôtel de Lesdiguières était fait, nous dit le Père Furcy dans son journal, par « cinquante gardes fran-
» çaises et suisses commandés par un lieutenant
» avec corps de garde à la porte, un exempt et
» huit gardes du corps pour l'accompagner
» quand il sorte. »

Le lendemain, dans la matinée, le Régent vint faire visite au Tsar. Pierre fit quelques pas hors de son cabinet, à la rencontre du duc d'Orléans. « Il l'embrassa avec un grand air de
» supériorité, lui montra la porte de son cabinet,
» et se tournant à l'instant sans nulle civilité, y
» entra », raconte Saint-Simon. L'entrevue dura près d'une heure. Le prince Kourakine y assistait en qualité d'interprète. Tout ce qui avait trait à la politique fut laissé de côté dans

ce premier entretien. La visite terminée, le Tsar reconduisit le Régent de la même façon qu'il l'avait reçu.

S'il faut en croire Saint-Simon, Pierre « entendait bien le français, et l'aurait parlé s'il » eût voulu ; mais, par grandeur, il avait » toujours un interprète. » Du reste le Tsar qui, par moments, montrait un superbe dédain de l'étiquette, était parfois très chatouilleux sur certains points de formalisme. C'est ainsi qu'il ne voulut pas faire un pas dans Paris, avant d'avoir reçu la visite de Louis XV en personne. Pierre passa toute la journée du dimanche 9 mai à l'hôtel de Lesdiguières, où quelques dignitaires de la couronne vinrent lui rendre hommage.

Le lendemain, le Roi, accompagné du duc du Maine, du maréchal de Villeroy et de quelques autres personnages, vint chez le Tsar. Celui-ci le reçut à la portière de son carrosse, et l'introduisit, avec sa suite, dans ses appartements. L'entrevue eut lieu selon toutes les formes de l'étiquette. Mais, devant cet enfant de sept ans, Pierre s'attendrit. On vit alors — chose que le cérémonial n'avait pas prévu — le colosse russe prendre le petit roi de France sous les deux bras, l'élever jusqu'à sa hauteur, et l'embrasser avec effusion.

Puis il posa doucement l'enfant à terre, et comme dit Buvat, il se mit à *manier* sa chevelure blonde, en faisant dire par son interprète, qu'il était charmé de voir un si beau prince. Louis XV ne fut nullement effrayé de se voir ainsi caressé par un géant comme l'était Pierre. « On fut frappé, nous dit Saint-Simon, de
» toutes les grâces qu'il montra devant le Roi,
» de l'air de tendresse qu'il prit pour lui, de
» cette politesse qui coulait de source, et toute-
» fois mêlée de grandeur, d'égalité de rang, et
» légèrement de supériorité d'âge ; car tout cela

» se fit très distinctement sentir ». Le roi fit au Tsar un petit compliment fort bien tourné, et très gentiment dit. A la fin de l'entrevue, qui ne dura qu'un quart d'heure, Pierre reconduisit Louis XV jusqu'à son équipage.

Catherine était restée à Spa pour attendre son mari. Pierre qui la chérissait tendrement lui écrivit, aussitôt après la visite de Louis XV.

« Le petit roi, disait-il, n'a que deux doigts
» de plus que notre nain Louki ; il est joli de
» taille et de visage et assez intelligent pour
» son âge ».

Après cette visite qui lui avait donné toute satisfaction, Pierre se disposa à voir Paris en détail. Le mardi 11 mai, dès huit heures du matin, le Tsar sortit en simple touriste, dédaignant toute escorte, craignant les curieux qui l'auraient empêché de regarder à son aise ce qui l'intéressait. Sa mise était des plus modestes. Buvat nous a laissé la description de ce costume

qui n'avait rien d'impérial. « Le Tsar était vêtu
» simplement d'un surtout de bouracan gris
» assez grossier, tout uni, avec une veste d'étoffe
» de laine grise dont les boutons étaient de
» diamants, sans cravate et sans manchettes, ni
» dentelle aux poignets de sa chemise, ayant
» une perruque brune à l'espagnole, dont
» il avait fait couper le derrière pour lui
» avoir paru trop longue, et sans être poudrée.
» Il avait un petit collet à son surtout, comme
» celui d'un voyageur. Il avait un ceinturon
» garni d'un galon d'argent par dessus son
» surtout auquel pendait un coutelas à la manière
» des Orientaux ».

Dans cette première matinée, accompagné de Tessé qui eut plus d'une fois de la peine à le suivre, Pierre parcourut les places Royale, des Victoires et de Vendôme. Il visita l'Arsenal, puis une fonderie de bronze. Il aimait à entrer en contact avec les ouvriers, à les suivre dans leurs travaux. Le Tsar se rendit ensuite hors de Paris au « jardin des apothicaires », appelé aussi « le jardin du Roi des simples », qui n'est autre que le *Jardin des Plantes* actuel.

Ce même jour, il reçut le Prévôt des marchands et les Echevins de la ville de Paris, au nombre de douze, et vêtus de robes de velours rouge. Ces magistrats présentèrent leurs compliments à Sa Majesté Tsarienne, en même temps que les présents que la ville avait coutume de faire aux souverains ou personnages de marque qui venaient à Paris.

Le Tsar ayant consenti à aller en cérémonie aux Tuileries pour rendre sa visite à Louis XV, les carrosses du Roi vinrent le prendre, ainsi que sa suite, vers les quatre heures, à l'hôtel de Lesdiguières. Chemin faisant, Pierre vit sur son passage une foule énorme qui l'attendait, curieuse de voir ce souverain sur lequel l'Europe entière fixait son regard. Cette affluence de peuple étonna fort le Tsar.

Pour cette entrevue, on avait réglé le cérémonial comme pour la visite de la veille.

Le petit roi reçut le Tsar à la portière du carrosse, et, prenant sa gauche, il l'introduisit dans ses appartements, suivi de toute sa cour. Pierre témoigna à l'enfant la même tendresse que le jour précédent; il déploya devant lui la même grâce. Pierre n'avait pas attendu d'être au haut de l'escalier pour prendre le petit roi dans ses bras et l'embrasser.

Le Tsar était un peu brusque de son naturel, mais, dans ses caresses à l'enfant, on voyait qu'il essayait d'adoucir ses mouvements, avec tant de sincérité, avec tant de bonhomie, que toute la cour fut touchée de ces excès de tendresse, malgré la violation des lois de l'étiquette.

Dans les appartements des Tuileries, là où

devait avoir lieu l'audience, Pierre renouvela ses caresses à Louis XV.

D'après M. Rambaud, Golikof, l'historien de Pierre-le-Grand tenait de Neplouiéf, témoin oculaire, les paroles que le Tsar prononça dans cette visite. En portant le petit roi sur ses bras, il lui dit : « Je souhaite de tout mon cœur que Votre
» Majesté, parvenue à sa majorité, règne avec
» gloire et bonheur. Peut-être, alors, nous serons
» l'un à l'autre des amis utiles ».

Avant de reposer l'enfant royal à terre, Pierre dit en souriant : « Je porte toute la France dans mes bras ! »

XI.

Le duc d'Antin à l'hôtel de Lesdiguières. — Courses du Tsar en fiacre. — Visite aux Gobelins et à l'Observatoire. — Les achats de Pierre. — Le Tsar au Palais-Royal. — Les impressions de Madame. — A l'Opéra. — Aux Invalides. — L'aversion du Tsar pour les plaisirs mondains. — Nouvelle visite du Tsar aux Tuileries. — A Versailles. — Le gouverneur scandalisé. — A la Monnaie. — Le Tsar à Petit-Bourg. — Chasse à courre. — Excursion sur la Seine. — A St-Denis. — Visite à Mme de Maintenon.

Parmi les personnages qui, dès l'arrivée du Tsar, s'étaient rendus à l'hôtel de Lesdiguières, se trouvait le duc d'Antin. Ce courtisan fameux, le seul enfant légitime de Mme de Montespan, avait eu l'habileté de se faire pardonner par

Louis XIV la régularité de sa naissance. Malgré cette origine, qui pour lui était une tare, d'Antin avait joui des faveurs du feu roi. Il fut un des premiers à venir faire sa cour au souverain moscovite.

Pierre l'avait remarqué, et lui demanda une description des principales curiosités de la capitale. Peu de temps après, le duc d'Antin apportait au Tsar un cahier soigneusement relié contenant le détail de tout ce qui pouvait intéresser Sa Majesté à Paris. Mais, quelle ne fut pas la surprise de Pierre, en ouvrant le cahier, de voir que cette sorte de guide était traduit en langue slavonne ! Il fut très satisfait de cette délicate attention, et s'écria : « qu'il n'y avait qu'un » français capable de cette politesse ».

Le duc d'Antin avait élevé le métier de courtisan à la hauteur d'un art.

Débarrassé des visites officielles, Pierre pouvait maintenant voir Paris à son aise. Alors commença, au grand désespoir de Tessé, une course folle à travers la capitale, sans trêve ni repos. Le pauvre maréchal voyait, parfois, le souverain qu'il était chargé d'accompagner, s'échapper de ses mains sans qu'il lui fût possible de le retrouver, pendant des journées entières. Pierre sautait dans la première voiture qu'il rencontrait, que ce fût un fiacre de louage ou un carrosse particulier. Peu lui importait, pourvu qu'il ne perdît pas une minute.

Mme de Matignon qui, suivant l'expression de Saint-Simon, était venue un jour rue de la Cerisaie pour « bayer » fut bien surprise, quand elle voulut rentrer, de ne plus trouver son équipage. Le Tsar l'avait pris au hasard, et le retint jusqu'au soir.

Le mercredi 12 mai, Pierre visita les Gobelins. Quatre tapisseries lui furent offertes. C'étaient les reproductions des tableaux de Jouvenet : la *Pêche miraculeuse*, la *Résurrection de Lazare*,

Jésus guérissant le paralytique, et les *Vendeurs chassés du Temple.*

Cette visite intéressa vivement le Tsar. M. Rambaud a publié, dans son récit du voyage de Pierre-le-Grand à Paris, une lettre fort curieuse que le Tsar écrivit, quelques jours après cette visite, au prince Menchikof à Saint-Pétersbourg. Dans cette lettre, le souverain donne des instructions précises, pour le perfectionnement des maîtres en tapisseries qu'il avait établis dans sa capitale. Il fait toutes les recommandations possibles relativement à la qualité des laines à employer, à leur teinture, au choix des modèles.

Il ordonne enfin, au prince Menchikof, de commander des tableaux historiques ayant pour sujet ses principales victoires : « la » bataille de Poltava, celle contre Lewen- » haupt, et autres » afin d'être reproduits en tapisseries, toutes choses qui lui avaient été inspirées par sa visite à notre célèbre manufacture.

« Ainsi, dit M. Rambaud, nous surprenons
» ici Pierre-le-Grand en plein effort pour
» amener la Russie à s'assimiler les procédés
» techniques et le goût artistique des maîtres-
» tapissiers de France. »

Mais, à côté d'un goût marqué pour l'art, et d'une compréhension très nette des différentes manipulations ouvrières, Pierre, se serait signalé aux Gobelins par son avarice. Buvat qui, dans son modeste emploi, n'était cependant pas habitué aux gratifications, nous dit que le Tsar
« fit déjà connaître son peu de générosité,
» n'ayant donné qu'un écu de cent sols aux
» ouvriers pour boire à sa santé. »

Pour terminer sa journée, Pierre visita l'Observatoire et « des anatomies. »

Ceux qui étaient obligés de suivre le Tsar dans ses pérignations, purent croire, un instant, que le lendemain, 13 mai, serait un jour de repos, car Sa Majesté « prit médecine. »

Mais cela n'empêcha pas l'infatiguable visiteur de se rendre dans l'après-midi, rue de Reuilly, au faubourg Saint-Antoine, pour voir la manufacture de glaces. Fondé en 1634 par Eustache Grammont et Jean-Antoine d'Autonneuil, cet établissement était passé, six ans plus tard, entre les mains de Raphaël de la Planche, trésorier des bâtiments du roi. Colbert, dans la suite releva l'entreprise qui languissait, et la transforma en manufacture royale.

L'intérêt que portait le Tsar à nos arts et à notre industrie, amena à l'hôtel de Lesdiguières quantité de marchands, venant offrir leurs denrées au souverain. Pierre examinait lui-même les produits apportés, tels que draps, étoffes, bonneterie. Il achetait souvent mais non sans avoir longuement marchandé. Il est vrai qu'il payait comptant.

La journée du 14 mai fut bien remplie.

Le Tsar se rendit d'abord au Louvre, où il visita les galeries de tableaux, les différentes collections et les ateliers artistiques installés dans ce palais. Puis le Tsar vit, en compagnie du duc d'Antin, l'Académie royale de peinture. Coypel, le peintre fameux, en fit les honneurs au souverain.

Ce même jour, Pierre alla au Palais-Royal faire visite au Régent et à la duchesse d'Orléans. Il parcourut la galerie des tableaux de ce palais, puis se rendit dans les appartements de Madame princesse palatine, mère du Régent.

La Palatine, qui était vertueuse, laide et très allemande, dépaysée dans cette cour dissolue, mièvre, où la bière et la choucroute manquaient, s'était fait une idée élevée du souverain russe, dont les goûts simples et les manières brusques répondaient à ses instincts bien germaniques. Dès son arrivée, elle avait envoyé son chevalier d'honneur pour le complimenter. La visite du Tsar fit grand plaisir à Madame.

Le jour même elle prit la plume — cela lui arrivait souvent — et elle nota cette visite dans la correspondance acerbe, spirituelle, et parfois injuste sur les choses de France, qu'elle entretenait avec ses parents et amis d'Allemagne.

« J'ai reçu aujourd'hui une grande visite,
« celle de mon héros, le Czar, je lui trouve de
« très bonnes manières, en prenant cette
« expression dans le sens de celle d'une personne
« sans façon et nullement affectée. Il a beaucoup
« de jugement ; il parle un mauvais allemand,
« mais il se fait cependant comprendre sans
« peine, et il cause très bien. Il est poli à l'égard
« de tout le monde, et il est fort aimé. »

Dans la soirée, le Tsar se rendit à l'Opéra, en compagnie du Régent, du duc de Chartres, du maréchal de Tessé, et de quelques autres personnages.

L'ouvrage représenté était *Hypermnestre*, tragédie lyrique en 5 actes avec prologue et ballet. Détail curieux : le Régent avait composé lui-même nombre de morceaux de la partition. Les principaux interprètes de cet opéra étaient le sieur Thevenard et Mlle Journet. Dans le ballet, figurait la fameuse danseuse, Mlle Prévot, la devancière émérite de Sallé et de Camargo.

Quand la toile se leva, nous dit le *Mercure de France* « Sa Majesté Tsarienne fut frappée de la
« magnificence du spectacle, des changements
« de décoration et de la danse de Mlle Prévot. »
La musique princière laissa le souverain plus froid.

On connaît l'épisode du verre de bière, racontée par Saint-Simon. Le Tsar demanda à boire, au milieu du spectacle, et le Régent lui présenta lui-même, sur une soucoupe, un grand gobelet. « Le Tsar, avec un sourire et
« une inclination de politesse, prit le gobelet

« sans aucune façon, but et le remit sur la
« soucoupe que le Régent tint toujours. En la
« rendant, il prit une assiette qui portait une
« serviette, qu'il présenta au Czar qui, sans se
« lever, en usa comme il avait fait pour la bière.»

Cette scène étonna profondément les spectateurs.

Pierre quitta l'Opéra au milieu du quatrième acte, pour aller souper ; mais il ne permit pas que le Régent se dérangeât pour l'accompagner.

Le lendemain, Pierre retourna au Jardin des Plantes dans un carrosse de louage. Ces sorties qu'il faisait à sa guise, généralement sans suite et sans apparat, plaisaient fort au souverain. Il s'arrêtait alors à sa fantaisie, dans les quartiers ouvriers, visitait quelques ateliers, s'instruisait, faisait des comparaisons et étudiait les perfectionnements à apporter dans l'industrie moscovite.

Pierre était un homme pour qui il n'y avait

rien d'inconnu. Partout il se sentait chez lui, dans son milieu, ouvrier avec les travailleurs, artiste de goût souvent, fin diplomate dans les choses politiques, soldat avec les militaires.

Aux Invalides, où il se rendit le dimanche 16 mai, jour de la Pentecôte, le Tsar « voulut tout voir et tout examiner partout ». Il visita la chapelle qu'il admira longuement, loua la propreté et l'ordre qui règnaient dans l'apothicairerie — nous dirions la pharmacie — et l'infirmerie. Sous la conduite du maréchal de Villars, il parcourut l'hôtel en entier. La maréchale se trouva sur son passage en « voyeuse ». Aussitôt que le Tsar sut que c'était elle, « il lui fit beaucoup d'honnêtetés ».

Dans le réfectoire, Pierre trouva les soldats qui dînaient. Il s'approcha de la table, frappant sur l'épaule des vieux braves, donnant à chacun une marque d'amitié. Puis il voulut goûter de leur soupe, et prenant un verre de vin, il but à la santé de ceux qu'il appelait « ses » camarades ! »

Pendant les dix premiers jours de son séjour à Paris, Pierre avait vu beaucoup de choses.

Quand, au cours de ses promenades, effectuées sans programme, avec sa seule fantaisie pour guide, une chose l'avait frappé, peu de temps après il retournait la voir.

Plus le Tsar vivait de la vie intellectuelle et artistique de la France, plus la satisfaction qu'il éprouvait était grande. Rien n'échappait à son œil investigateur ; mais, par contre, il goûtait peu ce qu'on est convenu d'appeler les plaisirs mondains.

Dans une visite au château de Meudon, ce que Pierre admira surtout, ce fut la vaste dimension de glaces. Le maréchal d'Estrées, qui traita le souverain dans sa maison d'Issy, « l'amusa fort » suivant l'expression de Saint-Simon, avec une collection d'objets maritimes.

Pierre ne s'inquiétait ni de la qualité ni du rang des personnes. L'intelligence et le savoir étaient les seules choses qui eussent du prix à ses yeux.

Dès son arrivée, les princesses du sang et les grandes dames l'avaient fait complimenter par quelqu'un de leur maison, espérant une visite, curieuses de voir cet homme extraordinaire, si différent des courtisans empressés et des fades galants de la cour, et dont l'extérieur et les manières évoquaient pour elles comme une vision d'Orient.

Mais Pierre n'était ni un *prince Charmant*, ni un sultan des *mille et une nuits*. Les princesses en furent pour leur frais ; il ne daigna même pas se montrer touché de leurs compliments. Elles durent se résigner à voir le souverain, mêlées, *incognito*, à la foule, en « voyeuses ».

En revanche, à Bercy, chez le directeur des postes, Pajot-d'Ons-en-Bray. Pierre réserva toute son amabilité pour un moine, le P. Sébastien, carme, célèbre physicien et mathématicien.

Le 24 mai, le Tsar alla de nouveau aux Tuileries. Mais pour donner à cette visite un caractère d'imprévu, il se rendit au palais de bonne heure.

Pierre était matinal ; le petit Louis XV l'était moins, aussi le roi dormait-il encore, lorsque le souverain arriva.

Pour lui faire prendre patience, le maréchal de Villeroy, lui fit voir les diamants de la couronne. Le Tsar déclara que cela était fort beau, mais qu'il ne s'y connaissait pas. Les objets de luxe n'avaient aucun intérêt pour lui. Il aurait donné tous ces joyaux pour voir une belle machine, ou un bateau d'un genre nouveau.

Le roi arriva enfin ; il tenait un rouleau à la main et, le déployant devant le Tsar, il lui montra une carte de la Russie. Pierre fut ravi de cette attention et, comme un maître de géographie, il se mit à instruire Louis XV sur la configuration et l'étendue de ses états. Le Tsar montra à l'enfant le tracé d'un canal projeté entre le Don et le Volga. Il lui indiqua ensuite sa marche sur Poltava en 1709.

Dans l'après-midi, il se rendit à Versailles. Là, le pauvre maréchal de Tessé put un peu se reposer de ses fatigues, car le soin d'accompagner le souverain à travers les palais et les jardins, fut confié au duc d'Antin.

Le Tsar coucha à Versailles avec sa suite. D'après Saint-Simon le séjour des Russes à Versailles ne fut pas sans quelques plaisirs. « Ils
» menèrent, dit-il, avec eux des demoiselles,
» qu'ils firent coucher dans l'appartement
» qu'avait Mme de Maintenon, tout proche de
» celui où le Czar couchait. Bloin, gouverneur
» de Versailles fut extrêmement scandalisé de
» voir profaner ainsi ce temple de la pruderie,
» dont la déesse et lui, qui étaient vieux,

» l'auraient été moins autrefois. Ce n'était pas
» la manière du Czar ni de ses gens de se con-
» traindre. »

Le scandale ne fut pas très grand, et l'on ferma les yeux. L'indulgence, bannie de la cour du feu roi par la dévotion tardive de Mme de Maintenon, était le nouveau en faveur.

Fidèle à ses habitudes, Pierre s'était levé de bonne heure.

Lorsque le duc d'Antin arriva au palais, il trouva le Tsar se promenant en barque sur le canal.

Pierre alla de Versailles à Marly, où il admira fort la célèbre machine. Là, apprenant que le lendemain, il devait y avoir des processions à Paris, il manda sur le champ un exprès à Tessé. Il lui faisait dire qu'il arriverait à huit heures du matin à l'hôtel de Lesdiguières: et qu'il comptait l'y trouver. Il fallait aussi se précautionner de bonnes places.

Voilà le maréchal en course pour satisfaire le caprice du Tsar. « Je ne sais pas qui lui a
» donné la tentation de voir M. le cardinal de
» Noailles à la procession. Tout que j'ai pu faire
» c'est de courir à l'archevêché et de convenir
» d'un lieu où il y a deux balcons et quelques
» chambres en haut, d'où l'on voit fort bien la
» procession sortir de Notre-Dame : c'est aux
» Enfants trouvés, vis-à-vis de l'Hôtel-Dieu. »

Et le maréchal s'écriait, avec désespoir, qu'il n'y avait pas d'homme à qui la tête ne tournât, avec tous ces dérangements.

Le 28 mai, Pierre alla visiter l'hôtel de la Monnaie. On frappa, sous ses yeux, une médaille d'or en son honneur. Cette médaille portait son effigie ; sur le revers était gravée une renommée posant le pied sur un globe avec cette devise, tirée de Virgile : *Vires acquirit eundo.*

Dans la même journée, le Tsar se rendit à la

Bibliothèque royale, où il fut reçu par l'abbé de Louvois, bibliothécaire du roi. Celui-ci présenta au souverain plusieurs anciens et précieux manuscrits enrichis de belles miniatures. Les vieilles images de piété firent surtout impression sur lui. Il les prit et les baisa dévotement.

Le 29 mai, de bonne heure dans la matinée, Bellegarde, fils du duc d'Antin, vint prendre le Tsar à l'hôtel de Lesdiguières pour le conduire chez son père, au château de Petit-Bourg.

Le fils de Mme de Montespan traita magnifiquement le Tsar. Après un somptueux dîner, Pierre partit pour Fontainebleau accompagné du duc d'Antin et des gens de sa suite. Il coucha au Palais, et le lendemain une chasse à courre fut organisée par le comte de Toulouse.

Le cerf fut servi, après une heure et demie de chasse ; mais Pierre goûta peu ce plaisir qui était nouveau pour lui. « Il trouva cet exercice trop violent » dit Saint-Simon. Il est vrai qu'il avait manqué de faire une chute de cheval dans la forêt.

Après son souper, qu'il voulu prendre seul, le Tsar revint à Petit-Bourg pour coucher.

Le retour, qui n'était pas dans le programme, n'empêcha pas le duc d'Antin de recevoir son hôte illustre avec tout le faste déployé la veille.

Le palais de Fontainebleau et la forêt n'avaient fait qu'une médiocre impression sur Pierre, plus accessible aux choses de l'art qu'aux beautés de la nature. Son retour à Paris par eau, dans une barque manœuvrée par huit rameurs, lui causa, en revanche, un plaisir extrême. Il fit arrêter son embarcation à Choisy pour visiter la maison et les jardins de la princesse de Conti, douairière. Elle se trouvait chez elle : le Tsar demanda à la voir, et, après s'être promené dans le parc, il se rembarqua. Il eut la fantaisie de passer sous tous les ponts de Paris. Rentré à l'hôtel de Lesdiguières, il se montra ravi de cette excursion sur la Seine.

Pierre assista incognito à une séance du Parlement. Il entendit deux avocats plaider une cause, et cela l'intéressa vivement.

Après avoir admiré les différents palais des souverains de la France, Pierre désira voir leurs tombeaux. Sa visite à St-Denis ne fut pas seulement un hommage rendu à la mémoire des rois morts; le Tsar put voir toute notre histoire passer devant ses yeux.

Le 4 juin, aussitôt après avoir vu défiler des fenêtres de l'hôtel de Lesdiguières, la procession de la paroisse de Saint-Paul, le Tsar partit de nouveau pour Versailles, qu'il désirait revoir en détail. Il visita Trianon et Cluny, resta trois jours à Marly, et se rendit de là à Saint-Germain et à Saint-Cyr.

Pierre était très désireux de connaître Mme de Maintenon. « Cette espèce de conformité entre

» le mariage de Louis XIV et le sien » dit Voltaire, « excitait vivement sa curiosité ; mais il y
» avait entre le roi de France et lui cette diffé-
» rence, qu'il avait épousé publiquement une
» héroïne, et que Louis XIV n'avait eu en secret
» qu'une femme aimable. »

D'après Saint-Simon, Pierre aurait été fort incivil et même brutal dans sa visite à Mme de Maintenon. Celle-ci, craignant la curiosité du Tsar, s'était mise au lit et avait fait dire au souverain que la maladie l'empêchait de le recevoir. Mais Pierre forçant la consigne serait entré dans la chambre de la marquise, aurait écarté les rideaux de son lit, et après l'avoir contemplée, se serait retiré sans lui dire un mot, sans même lui faire une révérence.

M. Rambaud, d'après le témoignage de l'historien Golikof, a rétabli la vérité et fait justice de l'impertinence attribuée au Tsar. Il ne fut qu'indiscret.

Mme de Maintenon était en effet couchée, car elle ne tenait pas à recevoir la visite de Pierre. Il entra néanmoins dans la chambre, alla droit au lit, en releva les rideaux et « salua la malade de la façon la plus courtoise. » Le Tsar s'excusa de l'heure sans doute inopportune de sa visite, mais étant venu en France pour voir, à Paris et à Versailles, les choses les plus remarquables et les personnes les plus distinguées, il avait tenu à présenter ses hommages à la marquise. Puis il lui demanda quelle était sa maladie.

— La vieillesse ! répondit Mme de Maintenon d'une voix faible.

— C'est une maladie à laquelle nous sommes tous sujets, pour peu que nous vivions longtemps, répartit le Tsar.

Après avoir souhaité meilleure santé à la malade, il la salua et se retira.

Dans une lettre qu'elle écrivit à Mme de Caylus

dès le lendemain de cette visite, la vieille favorite confirmait tous ces détails.

Un des témoins de l'entrevue, Poloudenski a déclaré que Mme Maintenon « fut toute ragail-
» lardie par la visite du Czar géant et qu'à
» l'aspect de Pierre, on vit reparaître sur son
» visage, un rayon de son ancienne beauté ».

XII

Pierre-le-Grand à la Sorbonne. — Hommage à la mémoire de Richelieu. — Le Tsar et les théologiens. — Essai de fusion des Eglises d'Orient et d'Occident. — A Notre-Dame. — La revue des Champs-Élysées. — Visites au Parlement et à l'Académie des Sciences. — Négociations en vue d'une alliance. — Dernier entretien du Tsar avec le Régent. — Son départ. — Le traité d'Amsterdam. — Conséquences du voyage de Pierre-le-Grand. — Entrée de la Russie dans le monde occidental.

Le 14 juin, Pierre se rendit à la Sorbonne. Cette visite ne fut pas une des moins importantes de celles qu'il fit pendant son séjour à Paris.

Sans parler de la question politique, le Tsar en venant en France avait la ferme intention d'étudier nos mœurs, nos arts, notre commerce, notre industrie et tous les rouages de nos institutions civiles et religieuses, afin de poursuivre dans ses États le plan de réformes qu'il rêvait.

Dans la visite à la Sorbonne, un tombeau attira, tout d'abord, son attention. C'était le mausolée de Richelieu. Le Tsar s'arrêta, pensif, devant le buste du cardinal et le contempla un instant, comme fasciné. Puis, sortant de sa méditation, il embrassa le marbre et s'écria :
» Grand homme, je t'aurais donné la moitié de
» mes États, pour apprendre de toi à gouverner
» l'autre. »

Après avoir ainsi rendu hommage à la mémoire du grand ministre, Pierre s'entretint avec les docteurs de la Sorbonne.

Dans son ouvrage, *la Sorbonne et la Russie (1717-1747)*, le Père Pierling nous fournit de curieux détails sur l'entretien que le Tsar eut avec quelques-uns de nos célèbres théologiens.

Le Tsar fut reçu par Boursier, janséniste irréductible. Après la visite de l'Église, les autres docteurs vinrent dans la bibliothèque, se joindre à l'impérial cortège.

« En présence de l'autocrate russe, dit le Père
» Pierling, les prêtres romains durent songer
» aux tentatives jusque là infructueuses de
» réunion entre l'Orient et l'Occident, et se flat-
» ter peut-être de mieux réussir dans l'entre-
» prise ; toujours est-il que Boursier saisit
» au vol la première occasion d'entrer en
» matière. »

Mais il n'était pas facile de fixer l'attention du Tsar assez longtemps pour entamer une conversation sur ce grave sujet.

Avec sa vivacité d'esprit favorisée par un don extraordinaire d'assimilation, Pierre passait rapidement, d'un sujet à un autre.

Boursier, cependant, trouva le moyen d'aborder la question.

Tandis que le Souverain s'attardait à regarder de vieux livres en langage slavon, « Boursier
» s'empressa de lui faire remarquer que, par la
» réunion des Églises, il mettrait le comble à sa
» gloire en ajoutant un triomphe pacifique aux
» victoires remportées sur les champs de
» bataille. »

Pierre sourit. « Je ne suis qu'un soldat », répondit-il. Le docteur, en homme habile, repartit à l'instant : « Pas seulement un soldat,
» mais aussi un héros et, en qualité de prince,
» protecteur de la religion. »

Le Tsar, alors, laissa l'entretien s'engager sur cet important sujet. Il discuta avec les docteurs quelques points sur lesquels les deux Églises étaient en désaccord, et finit par leur dire : « Faites
» un mémoire sur cette affaire, et dépêchez-vous
» car je pars incessamment ; je vous promets de
» le remettre aux évêques de mes États et de les
» obliger de vous répondre. »

La docte compagnie se montra fort satisfaite de la réponse du Tsar.

Les docteurs se mirent au travail sans retard, car le temps pressait. Pierre n'avait donné que quelques heures aux théologiens pour traiter cette question qui eût demandé de sérieuses et longues discussions. Leur mémoire se ressentit de la hâte qui avait présidé à sa rédaction. Moins de vingt-quatre heures après la visite de Pierre, le document était prêt et signé par dix-huit docteurs. Traduit aussitôt en latin, et légalisé à l'archevêché de Paris, il ne put toutefois être prêt assez à temps pour être remis au Tsar avant son départ.

Le mémoire de la Sorbonne parvint à Pierre en cours de route. Mais ce projet de réunion des deux Églises ne devait pas aboutir.

En quittant la Sorbonne, Pierre se rendit à Notre-Dame. Il fit l'ascension des tours. Le Tsar prit une lunette d'approche et la promena sur tout l'horizon, trouvant un plaisir extrême à voir la vie et le mouvement des rues de la grande ville étendue à ses pieds.

Dans la même journée, Pierre visita le collège des Quatre-Nations et fit l'acquisition, pour la somme de 2000 écus, d'un globe astronomique à rotation mécanique.

Le 15 juin, après une nouvelle visite à la manufacture des Gobelins, Pierre alla chez le duc d'Antin, dont l'hôtel était situé à Paris, près de la porte Gaillon. Ce fut le rendez-vous de toutes les grandes dames, de tous les courtisans, curieux de voir ce souverain qui paraissait tant les dédaigner. Le duc de Saint-Simon avait peu d'estime pour le fils légitime de Mme de Montespan, mais il ne manqua pas d'aller chez lui, pour faire comme tout le monde.

Saint-Simon, ce jour-là, travaillait avec le Régent. La besogne fut achevée en une demi-heure. Comme il voulait se retirer, le duc d'Orléans lui demanda pourquoi il se montrait si pressé. Saint-Simon répondit qu'il aurait toujours l'honneur de retrouver Son Altesse, tandis que le Tsar qu'il n'avait pas encore vu, était sur le point de partir. Il désirait donc aller chez d'Antin pour « bayer » tout à son aise. Le Régent admit cette excuse de fort bonne grâce.

Saint-Simon courut aussitôt à l'hôtel d'Antin. Il en trouva les portes closes ; pour entrer, il fallait justifier d'une invitation. Le courtisan avait convié quelques personnes de qualité à venir voir le Tsar se promener dans son parc. Lorsque Saint-Simon pénétra dans le jardin, le maréchal de Tessé s'avança vers lui, et lui offrit de le présenter au souverain. Mais le duc pria le maréchal de n'en rien faire.

Le Tsar consentit à passer sous les fenêtres où se trouvaient les dames. « Il les regarda bien » toutes, dit l'auteur des célèbres Mémoires, et » ne fit qu'une très légère inclination de la tête

» à toutes à la fois, sans la tourner le long » d'elles, et passa fièrement. » Et Saint-Simon ajoute malicieusement qu'à la façon dont Pierre avait reçu d'autres dames, on pouvait présumer qu'il se serait montré plus poli, si la visite eût été toute intime.

Le Tsar soupa chez le duc d'Antin. C'est à la fin de ce repas que se place la fameuse anecdote du portrait de la Tsarine, que le courtisan, qui n'oubliait jamais son métier, fit placer sous les yeux charmés de Pierre.

Le lendemain, le Tsar, accompagné du Régent, passa en revue, au Champs-Elysées, deux régiments des gardes françaises et suisses, des gens d'armes, des chevau-légers et des mousquetaires. Ces troupes étaient celles de la maison du Roi. Pierre passa à cheval devant le front des compagnies, mais la chaleur excessive et la poussière contraignirent le souverain à se retirer plus promptement qu'il ne l'eût désiré.

En quittant les Champs-Elysées, le Tsar, toujours accompagné du duc d'Orléans, pénétra dans le jardin des Tuileries par un nouveau pont tournant, construit vis-à-vis du cours de la Reine. Le petit roi s'amusait à voir travailler des ouvriers. Pierre salua Louis XV et s'entretint un instant avec lui.

Dans l'après-midi, il se rendit à Saint-Ouen, chez le duc de Tresmes, où il y avait un dîner-souper en son honneur. Généralement, aucune femme n'assistait à ces repas de cérémonie. Par une exception flatteuse, Pierre voulut que la marquise de Béthune, fille du duc de Tresmes, prît place à côté de lui.

Toutes ces réceptions mondaines lassèrent vite le souverain. Aussi s'empressa-t-il de revenir, dès qu'il le put, aux choses qui l'intéressaient plus particulièrement. Le 17 juin fut pour Pierre une journée scientifique. Il eut un long entretien avec le géographe Delisle, et Geoffroy le chimiste. Un sieur Hoggère avait inventé un bateau d'un nouveau genre ; le Tsar alla le voir. Puis il se rendit, pour la seconde fois, à l'Observatoire.

Pierre s'intéressait, nous l'avons vu, à la médecine et à la chirurgie. Cette dernière branche dans l'art de guérir captivait surtout son attention. Il avait pratiqué lui-même cette science avec plus de conviction que de succès.

Le 13 juin, nous trouvons Pierre chez un oculiste, assistant à des opérations. Nous surprenons, chez cet homme d'apparence insensible, un mouvement d'effroi en voyant l'aiguille de l'opérateur pénétrer dans l'œil du patient.

Il n'y avait alors aucun oculiste en Russie. Pierre désirait en emmener un avec lui. On lui indiqua un Anglais, nommé Woolhouse, qui prouva, sur le champ, son habileté en faisant une opération devant le Tsar.

Le séjour de Pierre à Paris touchait à sa fin.

Ses dernières visites furent pour le Parlement et l'Académie des Sciences.

Présidés par l'abbé Bignon, les académiciens tinrent séance en présence du Tsar. Des savants tels que Lafey, Lémery, Réaumur, Lecamus et Dalesme expliquèrent devant lui leurs découvertes et leurs inventions. En souvenir de cette visite, Pierre Ier fut élu membre de l'Académie des Sciences « hors de tout rang ».

L'attrait de Paris, l'intérêt qu'il prenait aux choses de l'art et de la science, n'empêchaient pas le Tsar de poursuivre la réalisation du projet d'alliance qui l'avait amené en France.

Tandis que Pierre parcourait Paris, parfois avec la curiosité d'un enfant, le plus souvent avec l'intelligence d'un savant et d'un chercheur, ses ministres avaient de nombreuses conférences avec le maréchal de Tessé, à l'hôtel de Lesdiguières.

Ces entretiens avaient lieu généralement dans le jardin, et quelquefois le Tsar y assistait.

Les négociations, cependant, n'avançaient guère.

Les Russes avaient nettement posé la question; le Tsar offrait de s'unir à la France avec le roi de Prusse, mais Tessé, à qui les instructions du maréchal d'Huxelles commandaient une grande réserve, ne pouvait répondre sur le même ton de franchise.

La cour de France « n'avait d'autre intention, » disent les *Mémoires de Tessé*, que de faire » voltiger et amuser le Tsar jusqu'à son départ, » sans rien conclure avec lui. » Peut-être ces *Mémoires de Tessé*, rédigés, on le sait, par le général de Grimoard, ne sont-ils pas tout à fait l'exacte expression des sentiments qui animaient les ministres du Régent.

La proposition d'alliance des russes avait pour base l'abandon de la Suède par la France, c'est-à-dire la cessation des subsides que Charles XII tirait de notre pays. Le traité qui liait la France et la Suède existait toujours, et Tessé ne pouvait donner aux ministres du Tsar que la vague promesse d'une alliance plus étroite entre la Russie et la France, à l'expiration de ce traité.

« Mais il refusait de garantir les conquêtes du
» Tsar sur la Suède tant qu'elles auraient un
» caractère éventuel, c'est-à-dire ne seraient pas
» consacrées par un traité entre la Russie et
» la Suède ».

D'un autre côté, l'amitié du duc d'Orléans pour le roi d'Angleterre, Georges Ier, l'intérêt de l'abbé Dubois, qui avait besoin de l'appui de la cour anglaise pour la satisfaction de son ambition personnelle, étaient de sérieux obstacles à l'alliance russe. Saint-Simon, hostile à cette politique, la condamna avec sévérité. On sait avec quelle animosité il parle de « la dernière servitude » qui tenait la France enchaînée à l'Angleterre, « des funestes charmes » qu'exerçait la cour de Londres sur le Palais Royal, de « l'ensorcellement » sous lequel Dubois tenait le Régent, et du « fol mépris » que nos ministres avaient fait de la Russie.

Il faut faire la part, dans ces récriminations acerbes, du caractère entier, autoritaire et parfois haineux de l'homme qui n'avait pu faire triompher ses idées auprès du duc d'Orléans.

Mais il est certain que la politique de la France n'était pas alors orientée vers l'alliance russe, et que la crainte de déplaire à l'Angleterre entrait pour une bonne part dans la réserve faite aux propositions du Tsar.

Pierre n'était pas homme à se laisser rebuter par les difficultés qu'il rencontrait sur son chemin.

Avant son départ, fixé au dimanche 20 juin, le Tsar se rendit au Palais-Royal pour saluer le

Régent. Ayant rencontré le duc d'Orléans dans le bas du Palais, il le prit et l'entraîna dans la première pièce venue, pour avoir avec lui un dernier entretien sur la politique internationale. Cette pièce se trouva être la loge du suisse, autrement dit, du portier. D'ordinaire, elle servait à des conversations d'un autre genre.

Mais Pierre se soucia peu de l'endroit.

Il resta une demi-heure en conférence avec le Régent.

Un Anglais servait d'interprète au Tsar.

Pierre fut si pressant, si persuasif, si violent même, qu'il arracha au duc d'Orléans la promesse que des négociations, en vue d'une alliance entre les deux pays, se poursuivraient à Amsterdam.

Le Tsar avait donc obtenu satisfaction jusqu'à un certain point. Il laissa deux plénipotentiaires à Paris : Kourakine et Schafiroff avec mission de discuter les préliminaires du traité qui devait être signé, quelques semaines plus tard, à Amsterdam.

Pierre partit, se rendant directement à Spa où l'attendait la Tsarine. Il ne voulut aucune escorte d'honneur, aucun cérémonial. Le Tsar sortit de Paris aussi simplement qu'il y était entré.

Suivant la promesse que le Régent — un peu malgré lui peut-être — avait faite au Tsar dans la loge du suisse au Palais-Royal, les négociations furent reprises à Amsterdam. Les plénipotentiaires étaient : Châteauneuf pour la France, Golavkine, Chafirof, Kourakine pour le Tsar ; Knyphausen pour le roi de Prusse, Frédéric-Guillaume Ier.

Les conférences se terminèrent le 15 août, par la signature d'un traité entre les trois puissances. En raison de la crainte qu'avait le duc d'Orléans de se brouiller avec l'Angleterre, ce traité devait forcément rester dans le domaine des généralités. La principale stipulation était un traité de commerce dans lequel la France obtenait le traitement de la nation la plus favorisée. Sur le terrain politique, les trois puissances signataires s'unissaient pour garantir les traités d'Utrecht et la paix *éventuelle* du Nord. Les bases d'une alliance défensive étaient posées, et la France s'engageait à ne pas renouveler, à son expiration, le traité qui la liait à la Suède.

Les résultats pratiques de ce traité ne pouvaient être que fort minimes ; tous les historiens, en faisant cette constatation, sont cependant unanimes à déclarer qu'il fut très important à un double point de vue. Pour la première fois, la France et la Russie avaient apposé ensemble leur signature au bas d'un acte politique, et, à dater de cette époque-là, les deux pays entrèrent en relations régulières et suivies, par la création de légations permanentes à Saint-Pétersbourg et à Paris.

Le voyage de Pierre-le-Grand en France avait donc porté ses fruits.

Pierre était resté quarante-trois jours à Paris. « Ce qu'il emporta de chez nous, » dit M. Rambaud, « ce fut la future civilisation de la Russie! »

Et de fait, tout ce qu'il avait vu en France devait servir au Tsar pour accomplir les réformes dont il voulait doter son pays. Ce souverain avait senti combien la civilisation intellectuelle de notre pays pouvait lui servir de modèle. Il prit des idées partout, dans les salons de la Cour, comme dans le plus modeste atelier du faubourg St-Antoine. Nos musées, nos académies, la Sorbonne, le Parlement, les monuments, la rue, le théâtre, les hommes et les choses, tout fut pour lui matière à de sérieuses réflexions. Rien ne lui échappa, et ses sensations se cristallisèrent dans son esprit en un point unique : l'ambition de laisser dans l'histoire, le nom d'un gigantesque réformateur.

Il eut des enthousiasmes sincères d'adolescent, et des tristesses d'homme muri par l'expérience. Il sut rendre hommage à tout ce que la France avait eu de glorieux dans son passé. Il salua le grand siècle qui venait de s'éteindre et voulut voir tout ce qui en restait : bien peu de chose, un pâle reflet, Mme de Maintenon vieille, affaiblie, mourante à Saint-Cyr !

Pierre critiqua le luxe et les mœurs de la noblesse dont il prédit la ruine. Mais il prit dans cette société ce qui pouvait servir à son plan. Il comprit que, dans toute civilisation, le rôle de la femme est prépondérant, et que le meilleur moyen de modifier les hommes est de commencer par les femmes. Rentré dans ses États, il établit ses fameuses *assemblées*, où, contrairement aux vieilles coutumes, les deux sexes se trouvaient réunis. Jusque-là les dames des hautes classes se tenaient rigoureusement renfermées dans le *terem*. Il les arracha à leur

réclusion, les obligea à s'habiller à la française, en robes décolletées, les cheveux poudrés ; leur donna des professeurs de danse et de maintien. Les gentilshommes durent quitter leur plaisir favori, la boisson, pour venir s'associer aux femmes dans cette vie de salon. De ces assemblées « est sorti en fin de compte, dit M. Louis » Léger, cet être exquis, tour à tour capri-
» cieux ou viril, héroïque et charmant, que
» nous admirons dans la femme russe du XIXe
» siècle ».

Dès le commencement de son règne, Pierre Ier avait facilité aux étrangers l'accès de ses États. Des commerçants et industriels français s'étaient établis en Russie. Les filles du Tsar avaient un précepteur de notre nation, nommé Rambour. Après son voyage, le souverain fit venir des artistes français, tandis qu'il envoyait de jeunes russes s'instruire dans notre pays. Saint-Hilaire fut nommé professeur à l'Académie maritime de Saint-Pétersbourg. Pierre fit construire des théâtres sur le modèle de ceux de Paris, favorisa l'art dramatique par l'établissement de concours pour les meilleures comédies. Mais Molière resta son auteur de prédilection: l'*Avare* et *Georges Dandin* furent les pièces qu'il avait le plus de plaisir à voir.

Lorsque le voyage de Pierre-le-Grand en France fut décidé, l'Europe, surprise et inquiète, fixa son regard sur Paris. L'Angleterre, particulièrement, nous dit Saint-Simon, se montra attentive.

Le roi de Prusse voulut venir incognito, pour suivre de près les événements ; mais on lui fit sentir tout le ridicule d'une pareille démarche.

Dans ces détails que nous fournissent les Mémoires du xviiie siècle, ne croirait-on pas lire une page d'histoire contemporaine ?

APPENDICE.

OUVRAGES CONSULTÉS.

Jean Buvat. — *Journal de la Régence.* — (Publié par M. Émile Campardon). 2 vol. Paris, 1865.

Vicomte de Caix de St-Aymour. — *Anne de Russie, Reine de France et Comtesse de Valois au XIe siècle*, 1 vol. Paris, 1896.

Louis Farges. — *Recueil des Instructions données aux Ambassadeurs et Ministres de France, depuis les traités de Westphalie jusqu'à la Révolution française.* — (Pologne). 2 vol. Paris, 1888.

Prince Augustin Galitzin. — *La Russie au XVIIIe siècle.* 1 vol. Paris, 1863.

Discours merveilleux et véritable de la Conqueste faite par le jeune Démétrius. Grand Duc de Moscovie, du sceptre de son père, avenue en ceste année 1605. 1 vol. Paris, 1858.

Récit du sanglant et terrible massacre arrivé dans la ville de Moscou, ainsi que de la fin effrayante et tragique du dernier Duc Demetrius, 1606. 1 vol. Paris, 1858.

Relation d'un voyage en Moscovie, écrite par Augustin Baron de Mayerberg. 2 vol. Paris, 1858.

Prince Emmanuel GALITZIN. — *La Russie du XVIIe siècle, dans ses rapports avec l'Europe Occidentale. Récit du voyage de Pierre Potemkin.* 1 vol. Paris, 1855.

Comte D'HAUSSONVILLE. — *La Visite du Tsar Pierre-le-Grand en 1717, d'après des documents nouveaux.* (Revue des Deux Mondes du 15 octobre 1896).

Ernest LAVISSE et Alfred RAMBAUD. — *Histoire générale du IVe siècle à nos jours.* T. I, II, III, IV, V, VI, VII.

Louis LEGER. — *Russes et Slaves.* 2 vol. Paris, 1890, 1896.

La littérature russe. 1 vol. Paris.

MARGERET. — *Estat de l'Empire de Russie et Grande Duché de Moscovie.* Paris, 1607. — Nouvelle édition, précédée d'une Notice biographique et bibliographique par Henri Chevreul. 1 vol. Paris, 1855.

Prosper MÉRIMÉE. — *Episode de l'Histoire de Russie. — Les faux Démétrius.* 1 vol. Paris, 1852.

DUCHESSE D'ORLÉANS. — *Correspondance complète.* — Traduction de M. G. Brunet. 2 vol. Paris, 1891.

Louis PARIS. — *La Chronique de Nestor.* — Traduite en français d'après l'édition impériale de Pétersbourg (manuscrit de Kœnigsberg), accompagnée de notes et d'un recueil de pièces inédites touchant les anciennes relations de la Russie avec la France. 2 vol. Paris, 1835.

Père PIERLING. — *La Sorbonne et la Russie (1717-1747)*. 1 vol. Paris, 1882.

Alfred RAMBAUD. — *Histoire de la Russie*. 1 vol. Paris.

Recueil des Instructions données aux Ambassadeurs et Ministres de France, depuis les traités de Westphalie jusqu'à la Révolution française. (Russie). 2 vol. Paris, 1890.

Les Russes à Paris. — *Pierre-le-Grand (1717).* — (Revue bleue du 14 octobre 1893).

SAINT-SIMON. — *Mémoires.* (Publiés par MM. Cheruel et Ad. Regnier fils). 22 vol. Paris.

Société de l'Histoire de Paris et de l'Ile de France. — *Bulletin* (Années 1884 et 1891).

TALLEMANT DES RÉAUX. — *Historiettes.* (Publiées par MM. Paulin Paris et de Monmerqué). 6 vol. Paris, 1862.

Vicomte Melchior. DE VOGÜÉ — *Le Fils de Pierre-le-Grand*. 1 vol. Paris, 1885.

VOLTAIRE. — *Histoire de Charles XII.*

Histoire de Russie sous Pierre Ier.

K. WALISZEWSKI. — *Pierre-le-Grand en France.* (Revue de Paris du 1er octobre 1896).

TABLE DES MATIÈRES.

TABLE DES MATIÈRES.

PAGES.

Avant-Propos.................................. 7

I.

Le vieux clocher de l'abbaye de St-Vincent à Senlis. — Un vœu d'Anne de Russie, reine de France. — Pourquoi elle appela son fils aîné Philippe. — Comment s'était fait le mariage du Roi Henri Ier. — Anne devenue veuve se retire à Senlis. — Elle accomplit son vœu, puis se remarie. — Scandale causé par ce mariage. — Anne de Russie devient veuve pour la seconde fois. — Elle finit dans la retraite et l'oubli. 13

II.

Les premières relations commerciales entre la France et la Russie. — Un armateur dieppois en 1586. — Le voyage de Jehan Sauvage. — L'ancienne

PAGES.

diplomatie moscovite. — Son formalisme. — Les ambassades de Pierre Ragon et de François de Carle. — Lettre de Feodor Ivanovitch à Henri III. — Le Tsar et les marchands parisiens. — Le traité de 1587.   25

III.

Rapports d'Henri IV avec les Tsars. — Temps troublés en Russie et en France. — Vie et aventures du capitaine Margeret. — Il écrit un livre sur les événements dont la Russie est le théâtre. — Le discours sommaire du sieur de Dombasle. — Une ambassade russe auprès de Louis XIII. — La mission Deshayes-Courmenin..................   51

IV.

Oléarius et la prétendue ambassade de Talleyrand sous Louis XIII. — Ce que dit Tallemant des Réaux. — Talleyrand et Roussel. — Leur voyage et leurs démêlés. — Talleyrand est envoyé en Sibérie. — Il apprend l'Enéide par cœur. — Lettre de Louis XIII au Tsar Michel pour demander sa liberté. — Les deux ambassades du capitaine Bonnefoy...............   83

V.

PAGES.

Louis XIV et Alexis Mikaïlovitch. — Parallèle entre les deux souverains. — La civilisation occidentale à la cour de Moscou. — Premiers rapports entre Louis XIV et Alexis. — Potemkine à Madrid. — Formalisme moscovite et étiquette espagnole. — L'ambassadeur russe à Bayonne et à Bordeaux. — En route pour Paris............................. 101

VI.

Suite du voyage de Potemkine. — Le dominicain d'Amboise. — L'Ambassade au Bourg-la-Reine. — Son séjour à Paris. — Audience solennelle de Louis XIV à St-Germain-en-Laye. — Deuxième audience de Louis XIV. — Conférence des envoyés moscovites avec les Conseillers du Roi 123

VII.

Suite de l'ambassade de Potemkine. — Projet d'arrangement commercial. — Les négociants parisiens reçus chez Potemkine. — Promenades de

PAGES.

l'Ambassade russe. — Molière joue devant elle. — Audience de congé. — Nouvel exemple du formalisme moscovite. — Émotion de Potemkine. — Il fait présent de son bonnet au Maréchal de Bellefonds. — Départ de l'Ambassade. — Une revue à Montreuil. 143

VIII.

Les résultats de l'Ambassade de Potemkine. — Tentatives de Colbert. — La Compagnie du Nord. — Impressions de Potemkine. — Ce que l'on disait de lui dans les gazettes. — La mission d'André Vinius en France. — Son échec. — Seconde ambassade de Pierre Potemkine. — Les Princes Dolgorouki et Mychetski. — Pierre-le-Grand prend le pouvoir.... 163

IX.

Une prophétie de Voltaire. — Pierre-le-Grand tourne ses regards vers l'Occident. — Les amusements du Tsar. — Pierre Mikhaïlof, le charpentier de Saardam. — Dentiste et chirurgien. — Réception originale d'une ambassade anglaise. — Le Tsar ouvrier. — Les Guerres du Nord et de la Succession d'Espagne. — Missions de Baluze et de Matveef. — Nouveaux voyages de Pierre-le-Grand. — A la Cour de Prusse. — Intrigues de Gœrtz et d'Alberoni. — Le Tsar se rend en France.................... . 183

X.

Le duc d'Orléans et l'alliance anglaise. — Instructions envoyées à Dunkerque pour la réception de Pierre-le-Grand. — Correspondance de Liboy. — Le voyage du Tsar de Dunkerque à Paris. — Les préparatifs dans la capitale. — Le journal d'un capucin. — Arrivée de Pierre Ier à Paris. — Simplicité du Tsar. — Son entrevue avec le Régent. — Pierre va voir le Roi aux Tuileries. 221

XI.

Le duc d'Antin à l'hôtel de Lesdiguières. — Courses du Tsar en fiacre. — Visite aux Gobelins et à l'Observatoire. — Les achats de Pierre. — Le Tsar au Palais-Royal. — Les impressions de Madame. — A l'Opéra. — Aux Invalides. — L'aversion du Tsar

pour les plaisirs mondains. — Nouvelle visite du
Tsar aux Tuileries. — A Versailles. — Le gouverneur scandalisé. — A la Monnaie. — Le Tsar à Petit-Bourg. — Chasse à courre. — Excursion sur la Seine. — A St-Denis. — Visite à Mme de Maintenon.   243

XII.

Pierre-le-Grand à la Sorbonne. — Hommage à la mémoire de Richelieu. — Le Tsar et les théologiens. — Essai de fusion des Églises d'Orient et d'Occident. — A Notre-Dame. — La revue des Champs-Élysées. — Visites au Parlement et à l'Académie des Sciences. — Négociations en vue d'une alliance. — Dernier entretien du Tsar avec le Régent. — Son départ. — Le traité d'Amsterdam. — Conséquences du voyage de Pierre-le-Grand. — Entrée de la Russie dans le monde occidental.................................. 267

APPENDICE   289

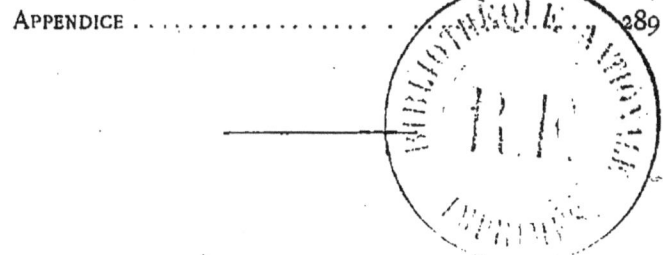

ACHEVÉ D'IMPRIMER
A LILLE
Par L. DANEL
le 16 février 1897.

www.ingramcontent.com/pod-product-compliance
Lightning Source LLC
Chambersburg PA
CBHW071523160426
43196CB00010B/1630